勝手に片づく！

間取りと収納

ズボラでも家事がラクになる！

Floor plan and storage ideas

一級建築士・整理収納アドバイザー
すはらひろこ 監修

イラストレーター・一級建築士
園内せな 著

X-Knowledge

ズボラでも
何もしなくても
片づく!

KIREI

この間取りなら、勝手に

片づく間取りと収納の秘訣は、
けして「面倒な片づけ」を頑張って続けたり、
すべてのモノを細かくラベリングしたりすることではありません。

むしろ、収納棚を増やしたり、
イチからモノを整理し直したりしなくても、
家具や収納の配置を変えるだけで、
勝手に片づくようになり、毎日の暮らしがスムーズに回りだす。
そんな風に、ラクに、無理なく
片づいた家になるポイントをご紹介します。

ラク・・・ッ!

「家を変えるだけで、いつも片づくわけがない!」
と思われるかもしれませんが、
収納の位置やレイアウトを少し変えるだけで、
驚くほど家は片づきます。
本書では、片づけの専門家である整理収納アドバイザーの監修者と、
家づくりのプロである一級建築士だからこそわかった!
少しの工夫で劇的にラクになる、“間取りと収納のアイディア”をご紹介します。

やったぇ!

もくじ

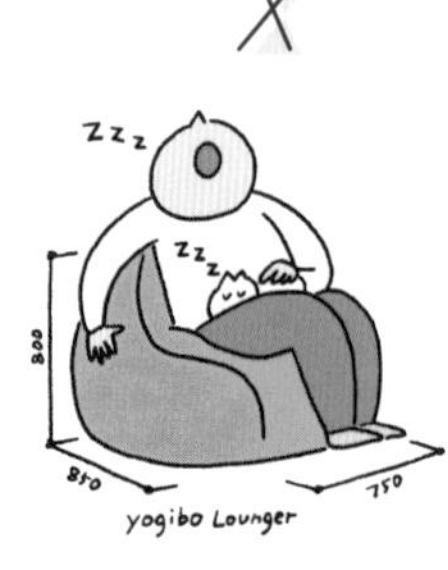

Zzz
800
850
750
yogibo Lounger

230
ダイソン扇風機
1007
230

315
180
330
ミネラルウォーター

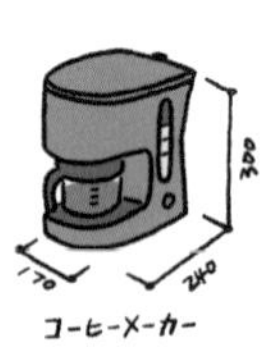

300
170
240
コーヒーメーカー

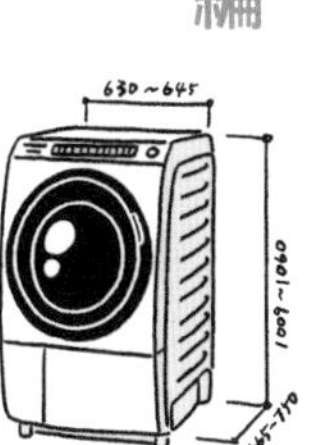

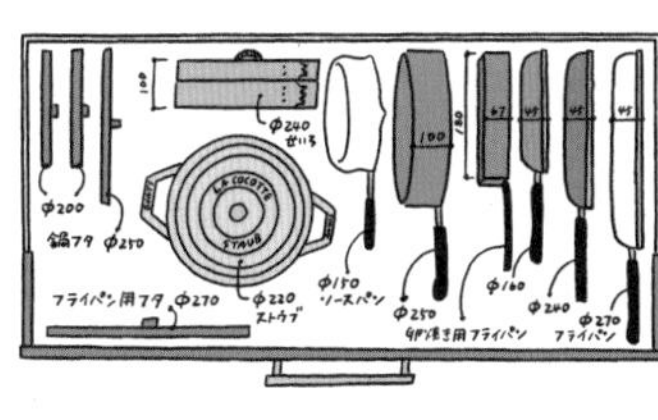

TEIKIBIN
クローズドタイプ
420
350~420
350~420
170
620
420
ソフトタイプ
φ70
300
300
ウエットフード

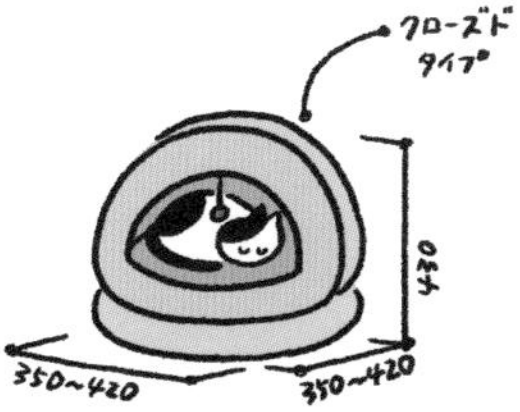

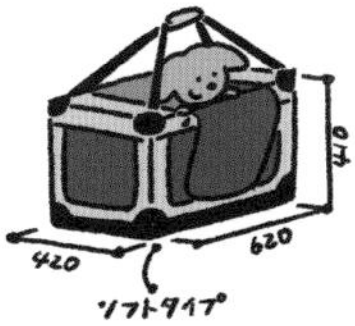

ブックデザイン：掛川竜

文章：後藤由里子

印刷所：シナノ書籍印刷株式会社

本書の用語集

【部屋名】
LDK＝リビング・ダイニング・キッチン
LD＝リビング・ダイニング
DK＝ダイニング・キッチン
WC＝トイレ

※寸法は単位や特記がない限り、mm
表記です。

【略称】
FC＝ファミリークローゼット
CL＝クローゼット
WIC＝ウォーク・イン・クローゼット
WTC＝ウォーク・スルー・クローゼット
SC＝シューズ・クローゼット
R＝冷蔵庫
W＝洗濯機

かんたん！5STEPで自分で収納計画

マンガ：園内せな　原作・監修：すはらひろこ

わが家の1日
もうやだ…
ママー!あれ、どこやったー?
ガオオ〜〜
わが家はいつもこんな感じ
片づけなきゃ泣
整った家に住みたい泣
と思うんだけど
ポイ
ぐちゃ
ぐちゃ
いつもすぐに
なんでかというと、
ぐちゃあ〜

キッチンめちゃくちゃ!
これは私…
リビングで服脱ぎっ放し!
コラー!!
ランドセル放り投げ
コラー!!
宅配物置きっ放し!
Rakupen
これも私
テーブルの上出しっ放し!
…
散らかっていて心も落ち着かない
いつも怒っている
片づけて!
置けない!
結果、モノがなくなる
ナイ…
ナイ…

そこで 片づけの基本4つ!

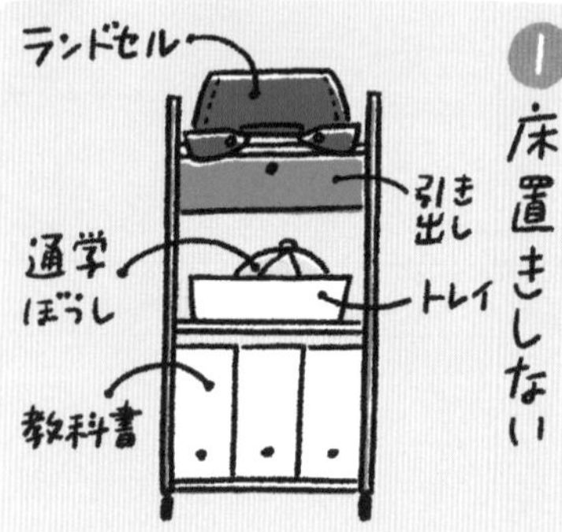

① 床置きしない

② 手間要らず収納

③ 日常の動きから収納を決める

④ すべてのモノに定位置を!

本が光ってる!?
こんな本、家にあったかな?
どれどれ
ムズムズ
?
勝手に開いた!
パーンッ
この間取りなら、
ズボラでも
何もしなくても
勝手に片づく!

「帰ってきたタイミング」
「長く居る場所」
が
散らかりやすい
そうなんだ…
今度はテレビが光り出した…！
キランッ
急に何…？
キランッ
STEP 1
モノの量を知るために
部屋の写真を撮ろう！
パシャ
パシャ
パシャ
パシャ
撮った写真を見ると
キッチンカウンターがごちゃごちゃ！
キッチンがパツパツ！
廊下収納がスカスカだな
テレの周りもごっちゃり！
おまけ
今、家にある収納の間口を測るのも良い
1.8m
具体的にどれ位の寸法の収納が必要かわかる

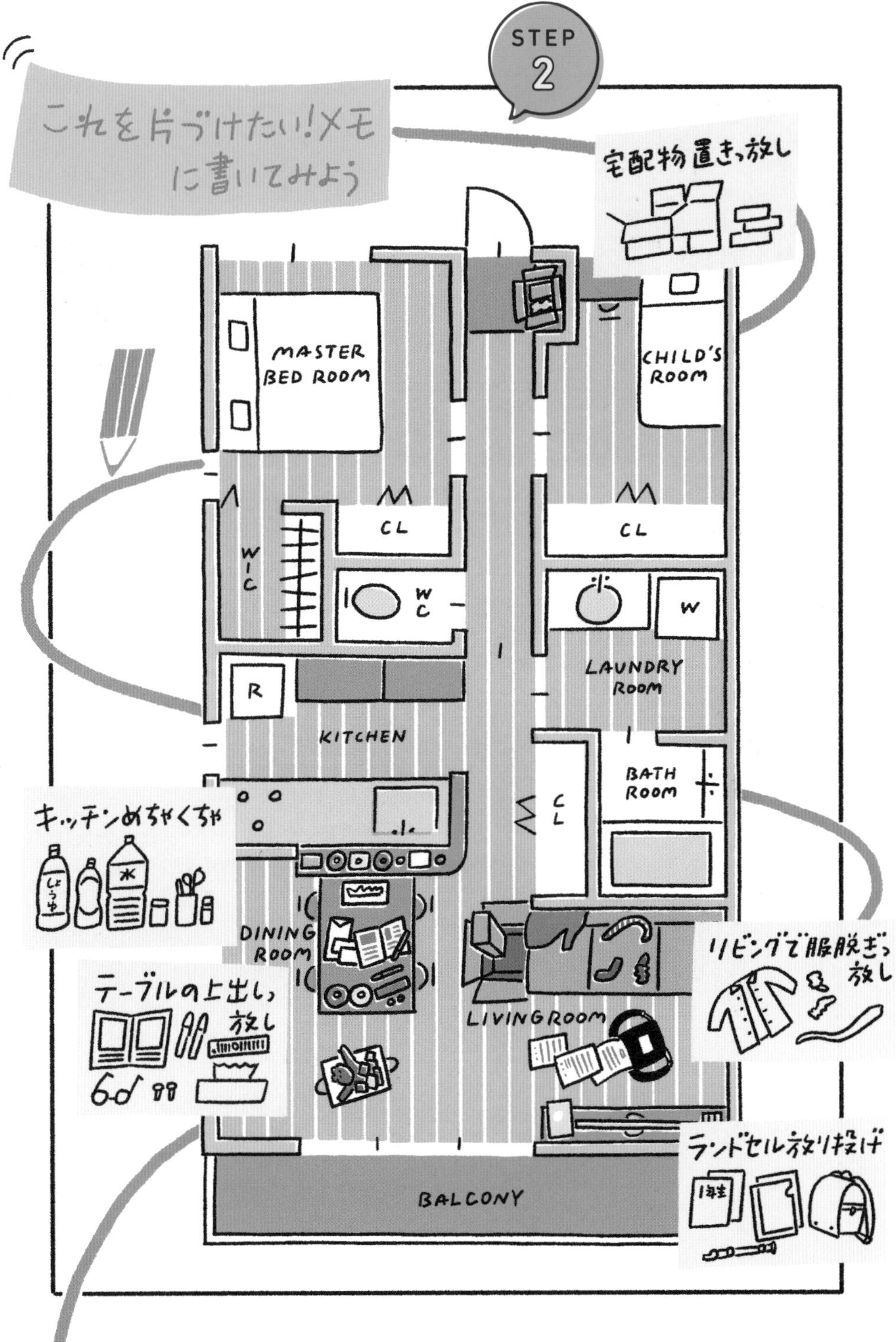
STEP 2
これを片づけたい!メモに書いてみよう
宅配物置きっ放し
MASTER BED ROOM
CHILD'S ROOM
W I C
CL
CL
W C
W
LAUNDRY ROOM
R
KITCHEN
BATH ROOM
C L
キッチンめちゃくちゃ
しょうゆ
DINING ROOM
LIVING ROOM
リビングで服脱ぎっ放し
テーブルの上出しっ放し
ランドセル放り投げ
1年生
BALCONY

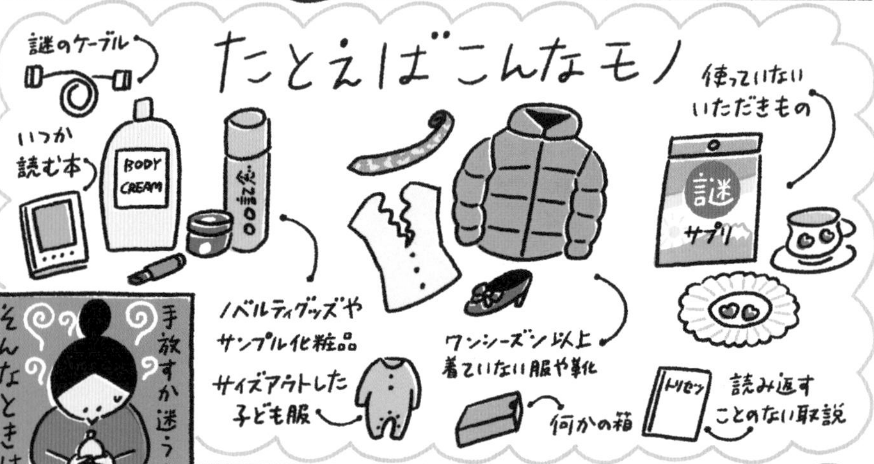

手放すか迷う…
そんなときは

こう考えてみて!

・今売っていたら買い直すか?

捨てたりなくなったりしたら、同じモノを買い直すか? 買い直さないなら、もっとベストなモノがあるかも

・贈られたのは「モノ」ではなく「気持ち」です

手放しにくい頂きものは、受け取ったときにひとつの役目を終えたと考えて

・「使える」から「使う」とは限りません

「新品だから」「まだ使える」は禁句。1年以上使っていないモノは、来年もなくて大丈夫かも

・使い切って元をとるか、潔く処分を

「もったいない」と使えない高価なモノやサンプル品。使わなくては意味がありません!

・増えるからこそ厳選して残すのが大切

モノは生活していければ増えるもの。「どんな暮らしがしたいか」にマッチするものだけ残して

・「いつか」はずっとやってきません

「いつか使う」、「いつか役立つ」はやってきません。「今」使わないものは手放し候補に

必要な収納の大きさがわかった！
シーン
何か次の指示が出るかな？
キランッ
バサバサ
こんな間取りはどうですか？
次の
ページ
STEP 4
なんか間取りが書いてある！
この間取りのどこが良いんだろう？
ペラ

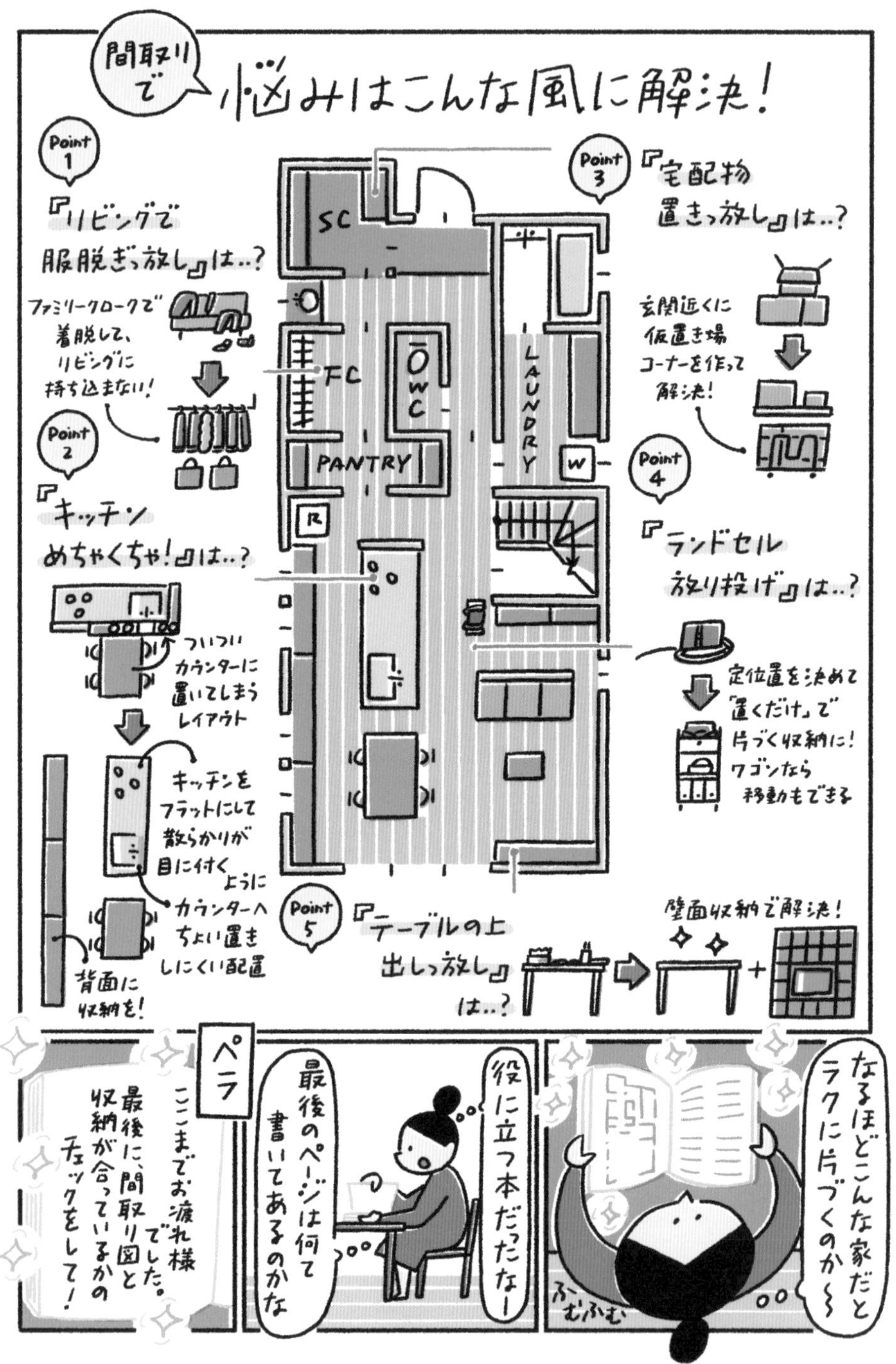
間取りで
悩みはこんな風に解決！
Point 1
『リビングで服脱ぎっ放し』は…？
ファミリークロークで着脱して、リビングに持ち込まない！
Point 2
『キッチンめちゃくちゃ！』は…？
ついついカウンターに置いてしまうレイアウト
キッチンをフラットにして散らかりが目に付くように
カウンターへちょい置きしにくい配置
背面に収納を！
Point 3
『宅配物置きっ放し』は…？
玄関近くに仮置き場コーナーを作って解決！
Point 4
『ランドセル放り投げ』は…？
定位置を決めて「置くだけ」で片づく収納に！ワゴンなら移動もできる
Point 5
『テーブルの上出しっ放し』は…？
壁面収納で解決！
SC
FC
WC
PANTRY
LAUNDRY
R
W
ペラ
ここまでお疲れ様でした。最後に、間取り図と収納が合っているかのチェックをして！
最後のページは何て書いてあるのかな
役に立つ本だったなー
なるほどこんな家だとラクに片づくのか〜
ふむふむ

STEP 5
生活動線に無理がないか？
使う場所としまう場所があっているか？
出し入れの動作がスムーズか？
チェックリスト
収納場所ごとにしまいたいモノがおさまるか
収納場所ごとに収納方法を決める（クローゼットに引き出しケースを入れて使う等）
設計者がいる場合は、収納プランに沿って設計を進めてもらう
キャンプ用品が入ってないよ！
靴50足
・子ども用 5足
・大人用 45足
傘
自転車
三輪車
え…っ
家族でもチェック中
うーーん
何か気になる所ある？
僕のプラレールの場所もない
えっ
そう言えば最近買ったランニングマシーンの置き場も…！
HA HA HA
また考え直すわ〜
間取り図の修正は続く…！

かんたん！ 5STEPで自分で収納計画

詳しくおさらい！

写真を撮って 現状把握する

Check List

- ☑ 今のわが家の収納場所のサイズを測る
- ☑ 各所に何をしまっている？
- ☑ 各所にしまっている量は？

まずは部屋や収納スペースを写真に撮り、家族でチェック。写真で見ることで現状を客観的に把握でき、自分たちがどんなことで困っているかを洗い出せます。たとえば「リビングの床に脱いだ服や文房具、学校のプリントが放置されている」、「キッチンカウンターが食品や調理道具でいっぱい」、「玄関に宅配便で届いたものが出しっぱなし」といった問題に気づくことができ、片づかない場所や、散らかりやすいモノが明確になります。

STEP 2

フセンに書いて 収納要望リストをつくる

キッチンめちゃくちゃ

テーブルの上出しっ放し

Check List

- ☑ 現状維持でよい？　改善する？
- ☑ 集中収納にする？　分散収納にする？
- ☑ 収納は、引き出し？　棚？
- ☑ 見せる収納？　隠す収納？

次に用意するのは、現在の住まいの間取り図。そこにフセンをペタペタ貼り、片づかない場所に改善したいポイントを書き込みます。たとえば玄関のフセンには「宅配物の収納スペースがほしい」、リビングには「文房具やプリントをまとめる引き出しが必要」、「洗濯物はクローゼットに直接運べるようにしたい」など、家族で話し合いながら出てきたアイディアをどんどん記入しましょう。これがSTEP4の収納プランのたたき台になります。

STEP 3

余分なモノを手放して

持ち物の整理

Check List

- ☑ 使用頻度は?
- ☑ 残したい大切なモノは?
- ☑ 新居で収納するモノを厳選
- ☑ 処分の計画づくり

改善点が見えてきたら、そのまま収納計画に進むのではなく、まず持ち物の量を見直します。処分できるものが多ければ、そんなに大きな収納は必要ないかもしれません。ここでのコツは「本当に必要なモノに囲まれた暮らし」をイメージすること。事前に不要品を整理し、どうしても必要な収納の大きさを捉えることが大切です。

STEP 4

自分で考えたり、設計者に要望を伝えて

収納プランをつくる

Check List

- ☑ 設計者に収納の要望を伝える
- ☑ 自分でやる場合はざっくりと部屋の並びや配置を考えてみる

いよいよ、自分なりの収納プランを形にしてみる段階。このとき、買い出し後や学校からの帰宅後、調理中、入浴前後など家族の行動パターン(動線)を意識すると、片づけやすい場所に収納を配置できます。図面を描くのが難しいなら、フセンつきの間取り図を設計者に見せながらリクエスト。リフォームの場合も同じプロセスでやってみて。

STEP 5

みんなで見直して

収納プランのチェック

Check List

- ☑ 間取り図で動線をチェック
- ☑ 生活シーンから収納の使い方を確認
- ☑ 収納方法のリクエストはないか

考えてみた収納プランを家族みんなでチェック。それぞれの目線から見てみると、収納するべきモノが漏れていたり、行動パターンから外れた場所に収納スペースがあったりと、見落としているポイントが見つかるはず。そのポイントを図面に反映させて、もう一度みんなでチェックして……を繰り返すと、理想の収納プランが完成!

これだけ覚えておけば、どんな部屋でもスッキリと毎日を過ごせます！

KIHON 1

床置きしないと掃除しやすい！

リビングを片づけたり掃除したりするとき、まず床からランドセルやチラシ、リモコンを拾って……という人も多いはず。しかし、このひと手間が、家をキレイにするのが一気に面倒になる元凶です。床置きのモノがなければ、収納内の整理やモノの量の見直し、掃除も簡単。そのためには、置き場所をつくってものを床面から上げるのがポイントです。収納が足りないなら棚やボックス、ハンガーバーなどを活用。使う場所を移動させやすいワゴンもオススメです。

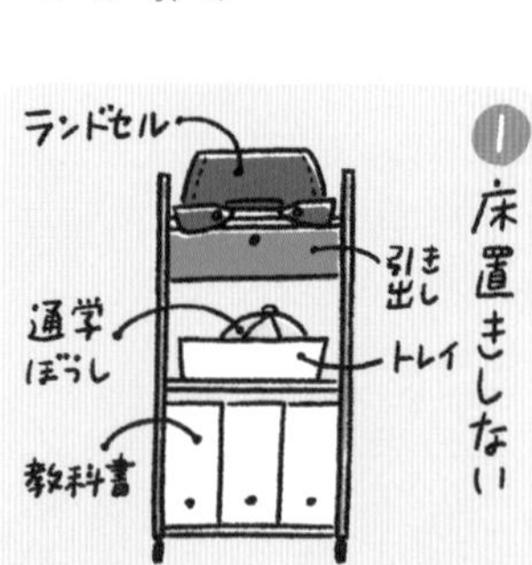

KIHON 2

手間要らず収納なら取り出しやすく、しまいやすい！

誰にでも取り出しやすく、しまいやすいのは、〝ワンアクション〟収納。ボックスに放り込むだけ、バーやフックにかけるだけ、吊るすだけなら、取るのも戻すのも手間いらずで、ラクにキレイをキープできます。反対に、扉を開けて棚から出す、ボックスの蓋を開ける、引き出しを出して畳んで入れる、といった作業にはツーアクション以上が必要になり、面倒で長続きしません。ボックスがあふれて床置きのモノが増えてきたら、リバウンドの合図。収納する量を見直して。

詳しくおさらい！

片づけの

今の部屋でそのまま実践できる、片づけの基本のルール４つをご紹介します。

KIHON 3

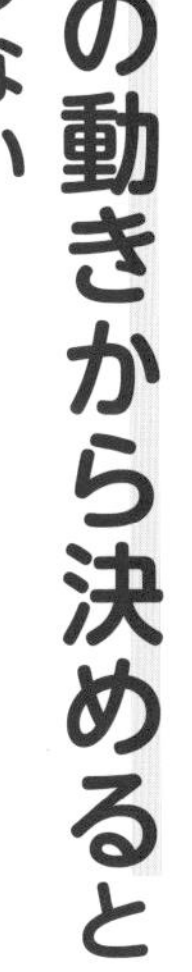

日常の動きから決めると失敗しない！

モノの収納場所を決めるときは、使いたい場所に近く、さらに家族が移動する途中でしまったり、取り出したりできるのが理想的。この住人の移動ルートのことを「動線」といい、新築やリノベーションで間取りを考える際のベースにもなります。たとえば玄関からキッチンへ向かう途中にパントリーがある、脱衣室の手前にクローゼットがあるなど、動線上に収納があれば、別の場所までモノを取りにいく手間がなく、自然な「ながら収納」で無理なく散らかりを防げます。

KIHON 4

散らかりやすい人こそすべてのモノに定位置を！

片づかない家の特徴は、モノの収納場所が決まっておらず、どこに戻せばいいのか分からないモノがあふれていること。そこで、衣類などの大きなモノはもちろん、鍵や文房具などの小さなモノまで、すべてのモノに「住所」を決めるのがコツ。とりあえず置いておきたいモノにも「一時置き場」という住所をつくって、一定の期間内に整理するようにします。モノの住所が決まり、つねにそこに置いてあれば、なくしものや探しものが激減してストレスフリーに！

★ご愛読ありがとうございました。次ページからの本編にご期待くださいーー！

じゃ、まず
散らかりやすい
リビングから
考えてみよー！

第1章

片づくリビング編

みんなが集まるリビングは、
家族全員のモノが散らかって雑多になりがち。
いつもスッキリ、のびのびと過ごせるリビングをつくるコツは、
ずばり「どこに何を納めるか決める」こと！
郵便物やプリントなど、一時的に置いておくモノが
一番多い部屋なので、細かいモノにまで
定位置を決めておけば散らかりません。

Floor plan and storage ideas Part 1

片づくリビング

収納の基本

だんらんの場が自然に整う収納計画を

家族が集まるリビングには、人と一緒にモノも集まってきます。みんなで使う文房具や爪切りなどの衛生用品、郵便物やプリント類、パソコンやデジタル周辺機器など、「長く保管するもの」より「使いながら一時置きするもの」がほとんど。そこで、使いやすく片づけやすい収納の工夫が必要に。限られたスペースをフル活用して、ゆとりも生み出せたら理想的です。

「とりあえず」の定位置を決めておきましょう

「長く保管するモノ」がないリビングだからこそ、使いかけの雑多なモノが散らかりがち。すべてのモノに「とりあえず」の定位置を決め、使った人が戻すようにすると、散らかりを防げて探しものも減らせます。定位置はソファなどから近く、手に取りやすい場所に。

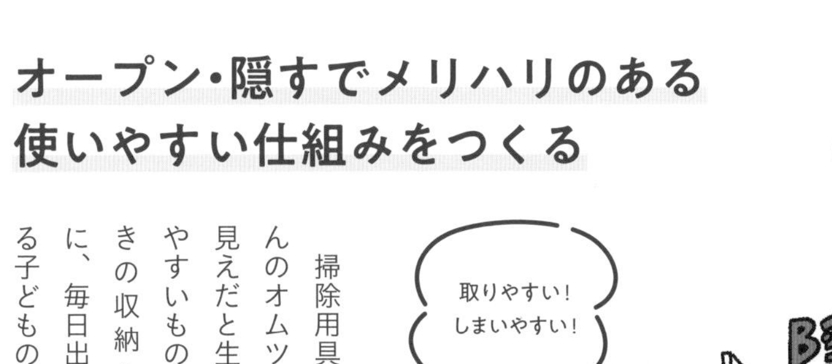

オープン・隠すでメリハリのある使いやすい仕組みをつくる

掃除用具や赤ちゃんのオムツなど、丸見えだと生活感が出やすいものは、扉つきの収納へ。反対に、毎日出し入れする子どものおもちゃボックスや、飾りながら収納したい工作の作品などはオープン棚へ。見た目も含めて収納場所を決め、リビングのくつろぎ感をキープ！

ソファ下や小上り・“壁”まわりの収納をフル活用！

リビング収納に活用したいのが〝壁〟。特にテレビまわりに壁面収納があれば、こまごましたものが手近な場所におさまります。もう1つは〝段差の下〟。小上がりの床下やソファの下に、引き出しやボックスを入れれば、ひざ掛けやベビー布団などかさばるモノもすっきり♪

リビングで収納するのはこんなモノ！

家族全員が過ごすリビングは、日用品やおもちゃ、ダイニングで使うモノなど、いろいろなモノが集まって「どこに何を納めたらよいかわからない」という人も多いはず。そこで、このページでは、どこにどんなモノを収納すれば便利かを大図解します。

リビング収納は大きくこの3パターン！

各場所ごとで使う収納は、以下の色で塗り分けしています

黄　：リビング収納
ピンク：ダイニング収納
赤　：キッチン収納

掲示板
・カレンダー
・提出期限のあるプリント
・ToDoメモ
・手紙　など

子どもの作品

季節飾り

文房具

ランドセルとプリント

コスメ

お菓子

ミニ掃除セット

本や書類

家事ワゴン

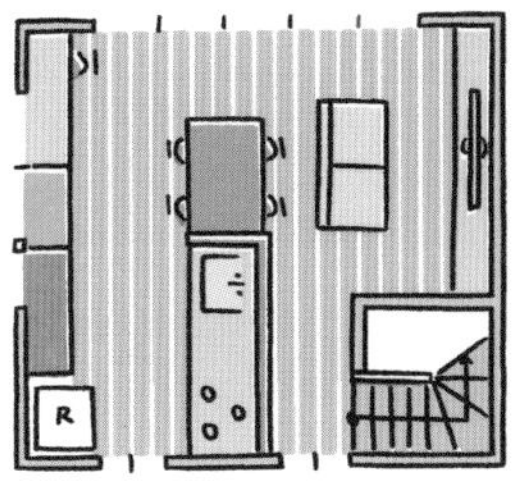

リビング側とダイニング側が別の収納

リビング収納とダイニング収納が分かれているパターン。ピンク色の部分の、ダイニングテーブルまわりで使う収納は、なるべくキッチン〜ダイニングの間に配置すると◎。

LDが連続した収納

ひとつの収納で、リビング収納とダイニング収納を兼ねるパターン。それぞれのモノを使う場所の近くに配置して、自分なりにゾーニングができていると便利。カウンターほどの高さの収納にしても取り出しやすい。

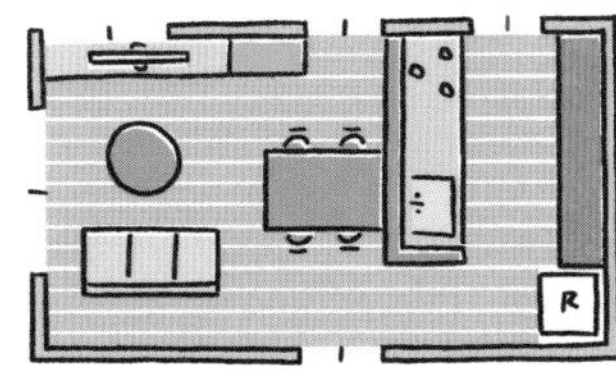

リビングに集中した収納

壁全面を使った壁面収納を、リビング寄りとダイニング寄りで使い分けて。掲載したLDよりもよりコンパクトな間取りなら、ダイニング側から収納までが近くなるというメリットも。

リビングの家具とモノの寸法

ソファや家電など、家族が共有して使う大型のモノが多いリビング。書類や本など、雑多なモノも多く集まるので、収納家具を使ってスッキリ過ごせるように工夫します。

おもな家具

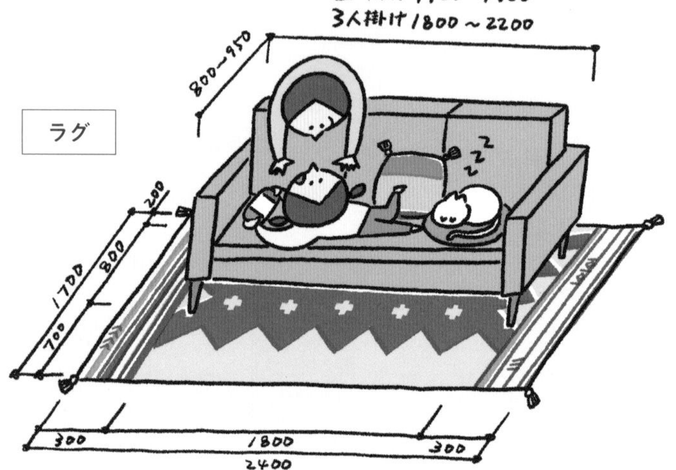

趣味のモノ

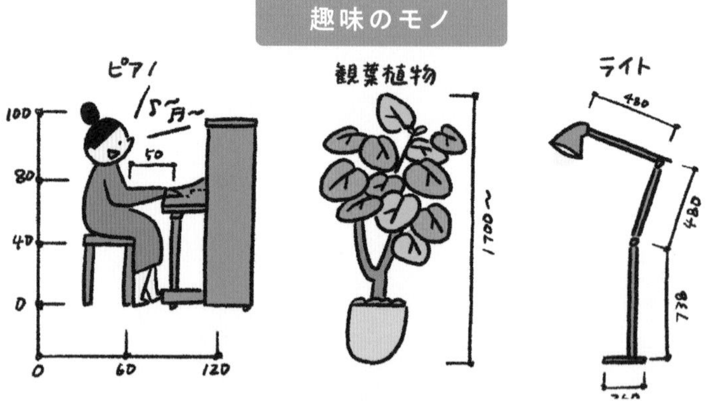

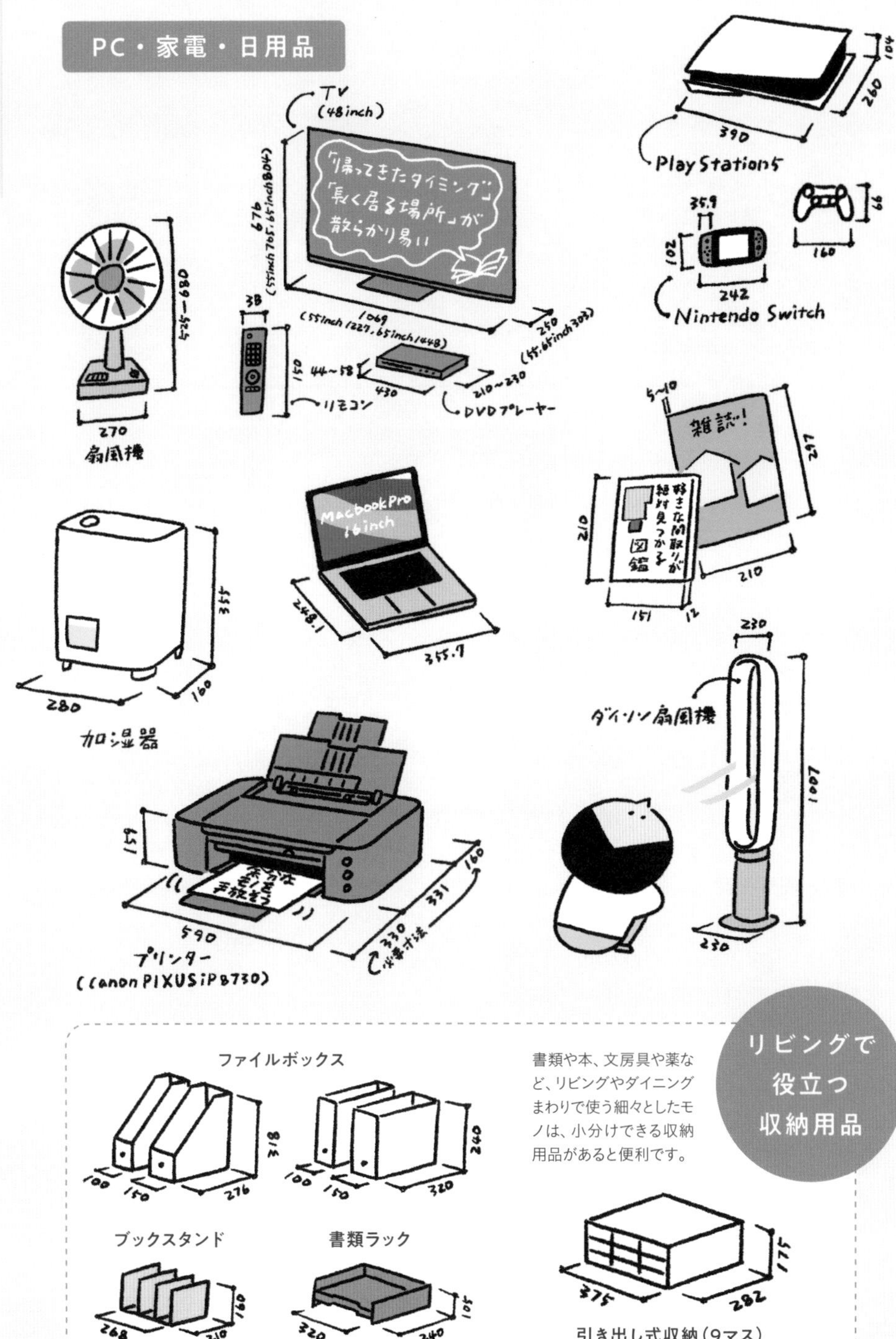
PC・家電・日用品
TV
(48inch)
「帰ってきたタイミング」
「長く居る場所」が
散らかり易い
676
(55inch 705, 65inch 804)
1069
(55inch 1227, 65inch 1448)
250
(55, 65inch 303)
38
150
リモコン
44~58
430
210~230
DVDプレーヤー
525~680
270
扇風機
104
260
390
PlayStation5
35.9
102
242
Nintendo Switch
66
160
5~10
雑誌!
297
210
好きな間取りが絶対見つかる図鑑
210
151
12
MacbookPro
16inch
248.1
355.7
355
280
160
加湿器
230
ダイソン扇風機
1007
230
159
590
331
160
330
必要寸法
プリンター
(Canon PIXUS iP8730)
リビングで
役立つ
収納用品
ファイルボックス
318
100
150
276
240
100
150
320
書類や本、文房具や薬など、リビングやダイニングまわりで使う細々としたモノは、小分けできる収納用品があると便利です。
ブックスタンド
160
268
210
書類ラック
105
320
240
175
375
282
引き出し式収納(9マス)

Floor plan and storage ideas Part ❷

── 第2章 ──

時短な キッチン編

家事ラクの要はキッチンにアリ！
モノが多く、朝夕の忙しい時間帯に行う料理は
キッチン収納を工夫すれば、劇的にラクになります。
ここでは、料理や買い出しがスムーズになる動線計画から、
モノの配置のルールまで、わかりやすく図解。
あなたにぴったりのキッチンの形を見つけてください。

Floor plan and storage ideas Part ❷

時短なキッチン

収納の基本

家事ラクキッチンは料理の時短にも！

こまごました道具が多い場所といえば、キッチン。調理器具や使いかけの食品がいつも出しっぱなしでは、作業スペースが狭くなり、掃除するのも面倒になりがちです。そこで活用したいのが「頻繁に使うものは手前に置く」、「なるべく重ねずに立てる」といった収納ルール。さらに使うものが取りやすい場所に収納してあれば、料理のスピードも2倍に！

すぐ使うモノは目線から腰の高さに収納する！

家族が毎日使う食器や、調理中にすぐ使いたい道具は、取り出しやすさを最優先。背伸びしたりかがんだりしなくてもいい場所に収納しましょう。理想的なのは目線の高さ～腰までの間。取り出しやすい場所は戻すのもラクなので、出しっぱなしも無理なく防げます。

食材・調理器具・食器は調理台から3歩以内がちょうどいい！

調理台をスタート地点として、そこから3歩以内に食材や調理器具、食器があると、食事の支度がスムーズに。準備〜調理〜盛りつけまでの流れに沿って、冷蔵庫や調理家電、食器棚を置けばムダな動きも省けます。振り向くだけで手が届くコンパクトなキッチンも機能的。

出し入れしやすい「一目瞭然」の収納が正解

ラベリングすれば
家族に
「あれどこ?」と
聞かれない！

みそ

手際よく料理を進めるうえで、モノを探す手間は大敵。棚の上では前後に重ねない、引き出しの中では立てるなど、収納の中身を一目で見渡せるようにすれば、使いたいモノがすぐに見つかり、元に戻すのも簡単です。調味料などはラベルを貼って、家族にも分かりやすく。

覚えておきたいキッチンの基本の形！

キッチンのレイアウトにはさまざまなパターンがあります。住まいの広さはもちろん、収納したいモノの量、自分が作業するときの動き方、一緒に料理したい人数などを考えながら計画すると、理想の形が見つかるはず。ＬＤからの見え方にも配慮できたらベター。

横移動で作業できて
配膳もスムーズ♪

I型

壁づけで省スペースなレイアウト。背後にテーブルがあるので配膳もしやすい。収納不足は置き家具で補って。

広い作業スペースで
ゆったりお料理♡

L型

カウンター上の作業スペースが広いわりに、移動距離はコンパクト。収納量が多いのもうれしい形。

料理から片づけまで
動かずに完了

II型

コンロとシンクが向かい合い、振り向くだけで作業できるが、2人以上で使うならぶつかりにくい配置に。

大きなお皿もたくさん
並べられます

U型

もっともカウンターが広く収納もたっぷり。複数の人数でも作業でき、LDから丸見えになりにくいメリットも。

リビングを見渡せて
開放感たっぷり♪

ペニンシュラ型

長いカウンターの一端を壁づけにした形。作業スペースにはゆとりがあるが、横移動の距離が長くなりやすい。

あこがれの料理教室が
開けるかも！

アイランド型

ぐるりと回れて家事動線がスムーズ。カウンターを四方から囲めるため、複数での調理やパーティにも最適。

キッチンで収納するのは こんなモノ!

❶大きい水筒やピクニック用品、たまにしか使わないモノは吊戸棚へ

ピクニック用品やお正月のお重など、たまの出番しかないものは、手の届きにくい場所でもOK。上部はなるべく軽いものを。

❷ザルやボウルは重ねて省スペースに収納

ザルやボウルは形が揃っていて、軽く割れにくいため、コンパクトにスタッキング。よく使うものなので手前に配置を。

❸鍋や大鉢など、重いモノはコの字ラックで区切って下段

重さのある鍋や鉢などは下段へ。立てて収納しにくい場合は重ねるか、コの字ラックで2段にすると取り出しやすい。

❹フライパンは重ねずに立てて収納すれば取りやすい

薄手で浅いフライパンはファイルボックスを使えば立てて収納でき、重ねてしまうより取り出しやすい。蓋も同様に。

❺調味料は液だれしないようにトレーやボックスにまとめて

調味料はコンロまわりにまとめるとサッと手に取れて便利。液ダレで収納内が汚れないよう、トレーやボックスの活用を。

Floor plan and storage ideas Part ②

狭いキッチン攻略のキモは「小さな収納」を「ポイント置き」

キッチンが狭くても大丈夫！　使うモノを使う場所に置く適材適所の収納で、小さくても使いやすいキッチンに。

今日は子どもの誕生日会
準備でバタバタ忙しいけれど
POINT 1
キッチンのここにパントリー的な収納があれば
効率的に準備ができる
パパ、お菓子とって～
お菓子は～
パスタは～
ジュースは
ん～…何かが足りない
と思ったら
シンクの脇の隠れ収納にある塩・コショウをIN！
POINT 2
ひょい
イイ感じ！
その間、子ども達も準備中
取り出しやすい食器！
普段使いもしやすい収納！
POINT 3
できたよ～
ピンポーン!!
こっちも！
HAPPY BIRTHDAY!

市販の収納を組み合わせてパントリーに

食材をまとめる収納を冷蔵庫のそばにスタンバイ。それだけでパントリーとしての役割を果してくれます。収納はスペースをムダなく使えるサイズを選んで。

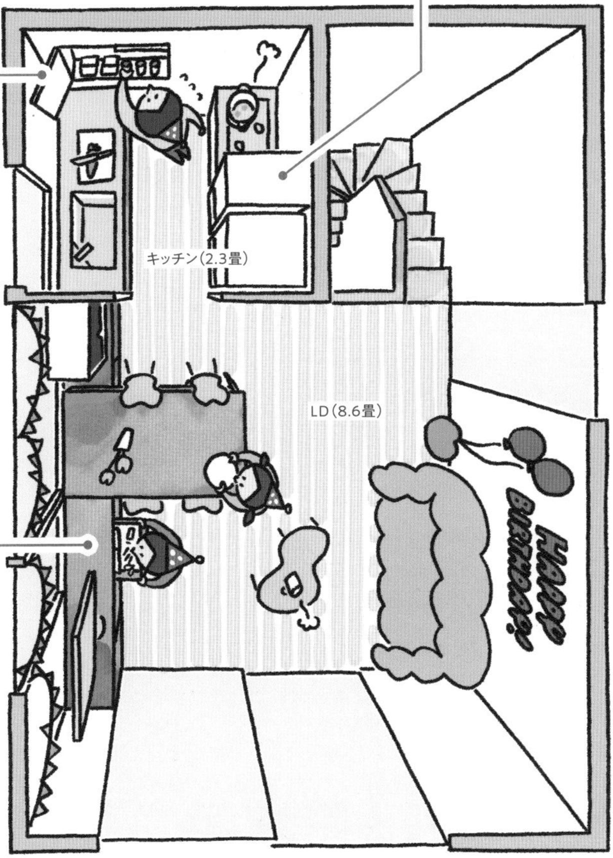

作業台近くに調味料を収納

料理に使う調味料は、作業台のそばに専用の収納スペースを。棚の奥行きを浅くしておくと容器が重ならず、作業しながら手に取るのも戻すのもラクラク♪

キッチン(2.3畳)

LD(8.6畳)

HAPPY BIRTHDAY!

よく使う食器はダイニング側だと使いやすい

キッチンに食器を置くスペースがないなら、誰にでも取り出しやすい食器棚をダイニングに。カップや取り皿などを家族が用意しやすくなります。

Floor plan and storage ideas Part 2

リビングから丸見えでもスッキリ片づくコツ&配置

省スペースで小さな家に向く壁付けキッチンは、リビングから丸見えなのが難点。収納の工夫でカバーして。

リビングからキッチンが丸見えの
壁付けキッチンも

POINT 1
洗剤の容器を統一させれば
スッキリ!!

置き型の食洗器は
出しっ放しでも、
脇にキッチンツールを
吊り下げれば便利!

吊り下げる時の注意点は
色や素材を合わせること!
金属
木製

POINT 2
家電はキッチン
すぐ後ろの収納へ

ストック品は吊戸と
家電収納の下へ

キッチンとダイニングが
近いから
近!

POINT 3
配膳も、
わあっ
大丈夫
大丈夫
親子で料理もしやすい!

丸見えでも キレイに魅せるコツ

出したままのほうが便利な調理器具は、色や素材を統一するとゴチャついた印象になりません。洗剤もシンプルな容器に詰め替えれば生活感をなくせます。

家電はダイニングからも 使いやすい位置に

キッチンに置ききれない調理家電はダイニングへ。特に炊飯器やトースター、コーヒーメーカーなどは、ダイニングテーブルに近いほうが使いやすいケースも。

LDK（13.5畳）

POINT 3

配膳も料理も 片づけもラクなレイアウト

調理スペースとダイニングテーブルが近い壁付けキッチンは、配膳も後片づけもラク♪　すぐ後ろに家族がいるので、様子を見ながら家事ができるメリットも。

収納が少なくても大丈夫！ スキマをフル活用するキッチン

Floor plan and storage ideas Part 2

パントリーを設けるスペースがないなら、スキマを徹底活用！ 使う場所や頻度に合わせて収納するのがポイント。

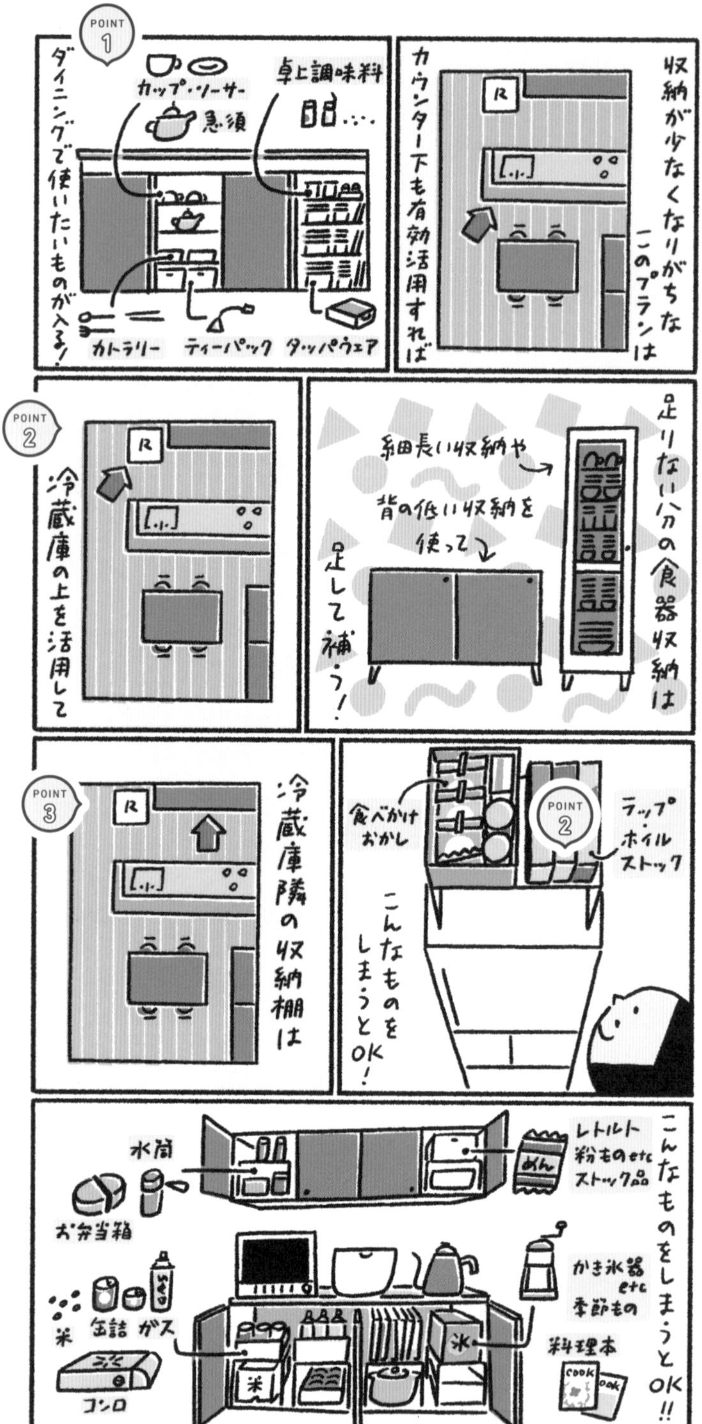

収納が少なくなりがちなこのプランは

カウンター下も有効活用すれば

POINT 1

ダイニングで使いたいものが入る！

卓上調味料

カップ・ソーサー

急須

カトラリー

ティーパック

タッパウェア

足りない分の食器収納は

細長い収納や

背の低い収納を使って

足して補う！

POINT 2

冷蔵庫の上を活用して

食べかけおかし

POINT 2

ラップ・ホイルストック

こんなものをしまうとOK！

POINT 3

冷蔵庫隣の収納棚は

こんなものをしまうとOK!!

レトルト

粉ものetc

ストック品

めん

水筒

お弁当箱

かき氷器 etc

季節もの

料理本

COOK

氷

米

缶詰

ガス

コンロ

カウンター下にはダイニングでも使うモノを収納

対面キッチンのダイニング側には、お茶セットやカトラリーなどテーブルまわりで使うモノを。薄型の収納でも十分に役立ち、かえって使いやすいはず。

LDK（11畳）

POINT 3

たまに使うモノを吊戸棚と下段にしまう

よく使うモノはカウンター収納の上段に、めったに使わないモノやストック食材は下段や吊戸棚に。取り出す頻度に合わせてしまう場所を決めるのがコツ。

POINT 2

冷蔵庫上を一時置きにしておくと便利！

冷蔵庫の上には市販のミニシェルフを乗せ、ラップやお菓子などの一時置きに。ふだん使わないモノだとホコリをかぶりやすいので、毎日手に取るモノを収納して。

④

Floor plan and storage ideas Part ❷

料理も後片づけもラク！ぐるぐる回れるアイランド型

料理教室や作りながら食べるパーティがあこがれなら、オススメはアイランド型。みんなで囲んで盛り上がろう！

今日は月に一度の料理教室の日
ほが〜〜
作ってみよう
初めてのスコーン

POINT 1
材料を沢山広げるスペースがあるし
ピンポーン！
はーい！

こうしてできるだけ手で触らないようにカードでバターを切ります
なるほど〜

キッチンの隣に大きなテーブルを置けば
これで合ってますか？
手早くバターと粉を手ですり合わせる
生徒さんと一緒に作業ができる
むずかしー

POINT 2
キッチンはぐるぐる回れるので
どれどれ〜
合ってる合ってる
次は〜
大人数での作業もラク

冷蔵庫はパントリー内に隠して
生地は一旦冷やします
はーい
POINT 3
表側と裏側をしっかり分ける

200℃で焼きます
ブウウウン

15分後
完成〜！

ぐるぐる回れる回遊動線で準備も片づけもラク！

カウンターの周囲をぐるぐる回れるレイアウトなら、人が渋滞せずに作業できます。ダイニングへのアクセスが2つあることで、配膳・片づけもラクラク。

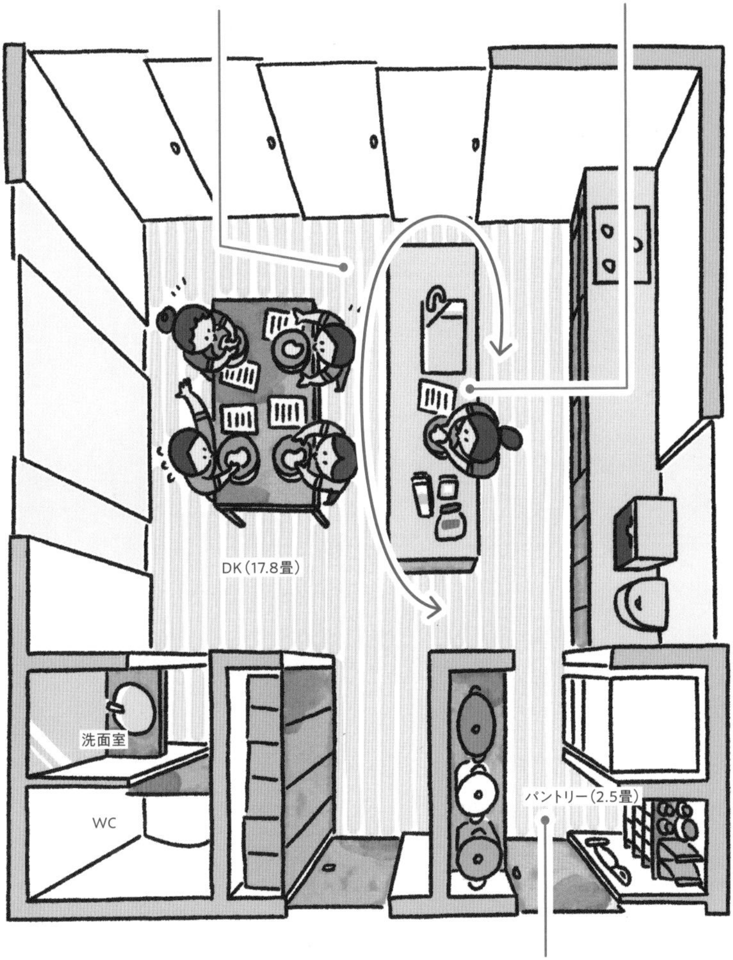

アイランド型なら作業スペースたっぷり！

コンロとシンクを分け、カウンターにゆとりをもたせたキッチンは、大人数で作業するのにぴったり。ホームパーティはもちろん家族のお手伝いもスムーズに。

DK（17.8畳）

洗面室

WC

パントリー（2.5畳）

オープンキッチンには隠れたパントリーを

ゲストとの料理が楽しいオープンキッチンでは、生活感のある収納は見せたくないもの。雑多なモノから冷蔵庫までおさまるパントリーが強い味方に。

Floor plan and storage ideas Part 2

動線が最短でスムーズ！1歩動けば料理できるL型

作業効率のよいキッチンが理想なら、目指すはコックピット！　必要なものにぐるりと囲まれた便利さを味わって。

このキッチンはまるで…
コックピットのようで…

こちら側に一歩出れば
P
R
手洗いができて
シャー

そしてすぐ脇は
POINT 1
家電があって

反対方向に一歩で
すぐコンロ
ジュー

その脇に
POINT 2
パントリーと冷蔵庫！
カパ

食器棚の中に家電も収める

電子レンジや炊飯器などの調理家電は、食器とまとめてコンパクトに収納。湯気や熱への対策として、引き出して使えるスライド棚をつけておくと安心です。

小さくてもパントリーで収納量アップ！

キッチンそのものは広すぎないほうが動線が短くなりますが、収納不足が心配。小さくてもパントリーを設けておくと、ストック食材もすっきりおさまります。

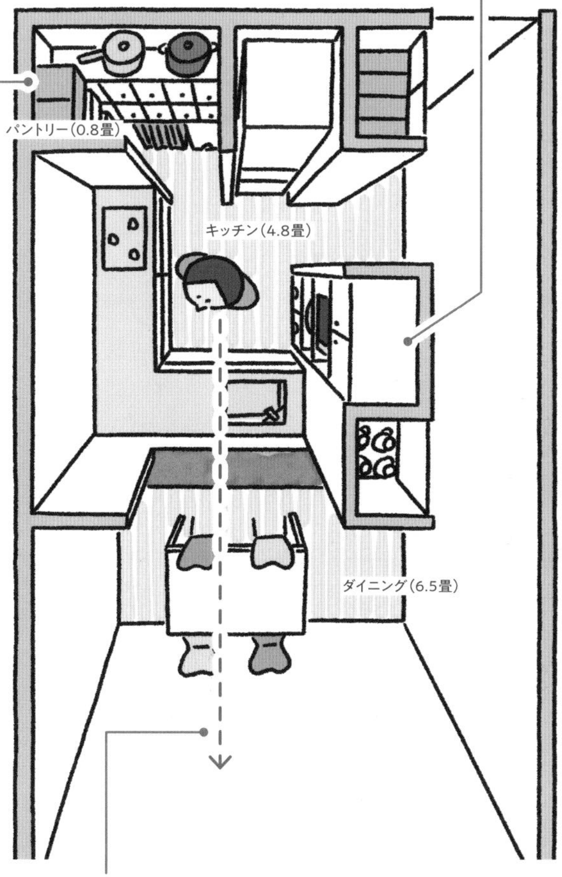

パントリー（0.8畳）

キッチン（4.8畳）

ダイニング（6.5畳）

POINT

こもり感あるキッチンなら散らかっていても大丈夫

ほどよく囲まれたL型キッチンはリビングから丸見えになりにくいため、片づけが苦手な人でも安心。作業カウンターが広いのも魅力です。

料理・配膳・片づけが時短になる 超効率的なキッチン

Floor plan and storage ideas Part 2

収納を一直線に並べたII型キッチンのプランです。横移動だけで必要なモノが手に取れるから、調理の時短にも。

忙しい夕飯準備も

すぐ後ろの棚にファイルボックスを入れて

食材を収納しておけば

コナ
ノミモノ
レトルト
ダシ
シオサトウ
オカシ

POINT 1

振り向けばすぐに食材をとれる

これこれ

POINT 2

どうしてもゴチャつくものはカーテンで隠す

ごちゃごちゃしている

ヨシ!

隠したパントリーにもカニ歩きで…

すぐ行ける

POINT

一直線の動線で料理と配膳がラク！

ダイニングテーブル〜キッチン〜パントリーまで一直線。調理・配膳・後片づけの動線が横移動だけなので、ムダな動きがなく家事がスムーズに。

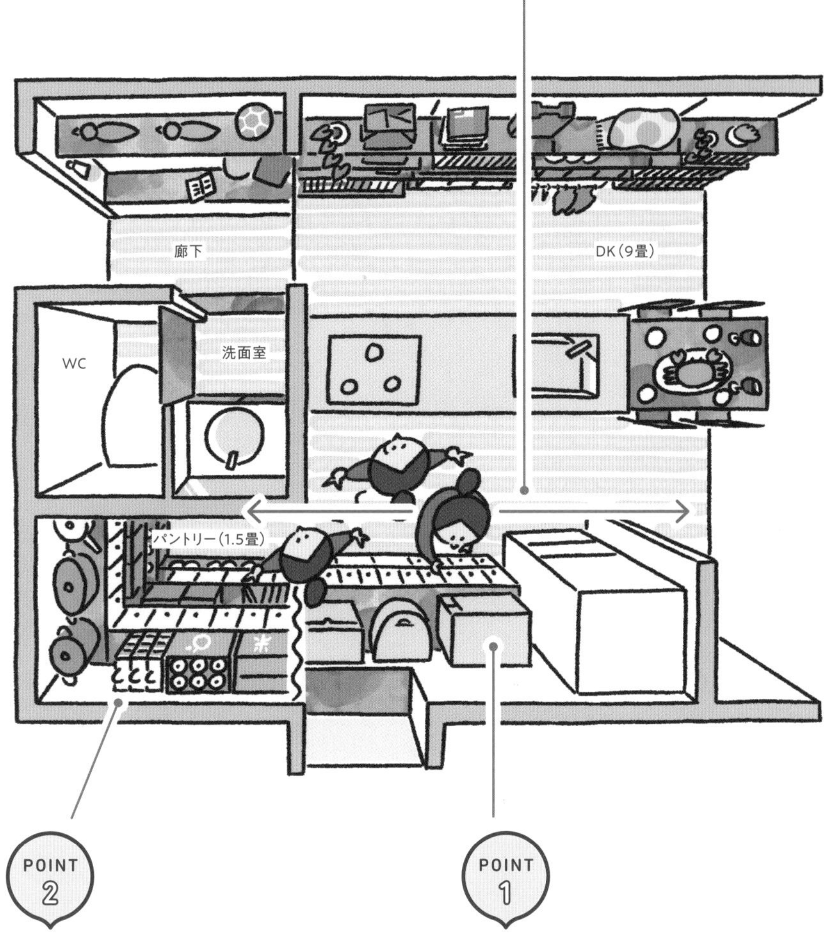

POINT 2

LDからは死角になるパントリー

背面収納の奥はパントリー。くつろぎの場から死角になるようにプランするのがオススメです。どうしてもゴチャつきが気になるならカーテンで目隠しを。

POINT 1

料理中は振り向けばすべてのモノに手が届く！

調理中に使うモノは、振り向くだけで手に取れる背面収納へ。オープンシェルフ＋ファイルボックス＋ラベリングで食材を整理すれば、探す手間も省けます。

買い出しが劇的スムーズに！パントリーは玄関直結に

Floor plan and storage ideas Part 2

パントリーはキッチンとの関係だけでなく、玄関からのアクセスにも注目。買い出し後の負担が軽くなるはず！

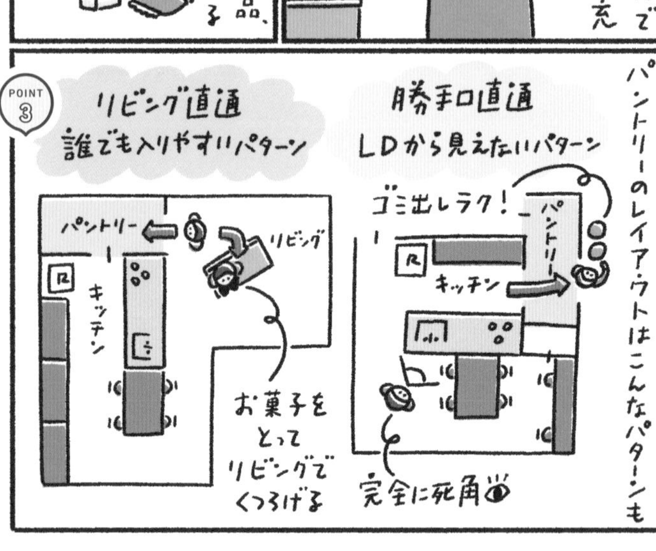

買い出しラクラク！
玄関直結パントリー

玄関から直接パントリーに入れれば、重い荷物を運ぶ動線が最短に。パントリー内には食材をしまう棚のほか、買い物メモを貼れるボードもあると便利です。

パントリーに隣接して
冷蔵庫があると便利

冷蔵庫はパントリーの近くに配すると、要冷蔵の食材もすぐにしまえます。パントリー内に冷蔵庫を置く手もありますが、LDから遠くなりがちなので注意を。

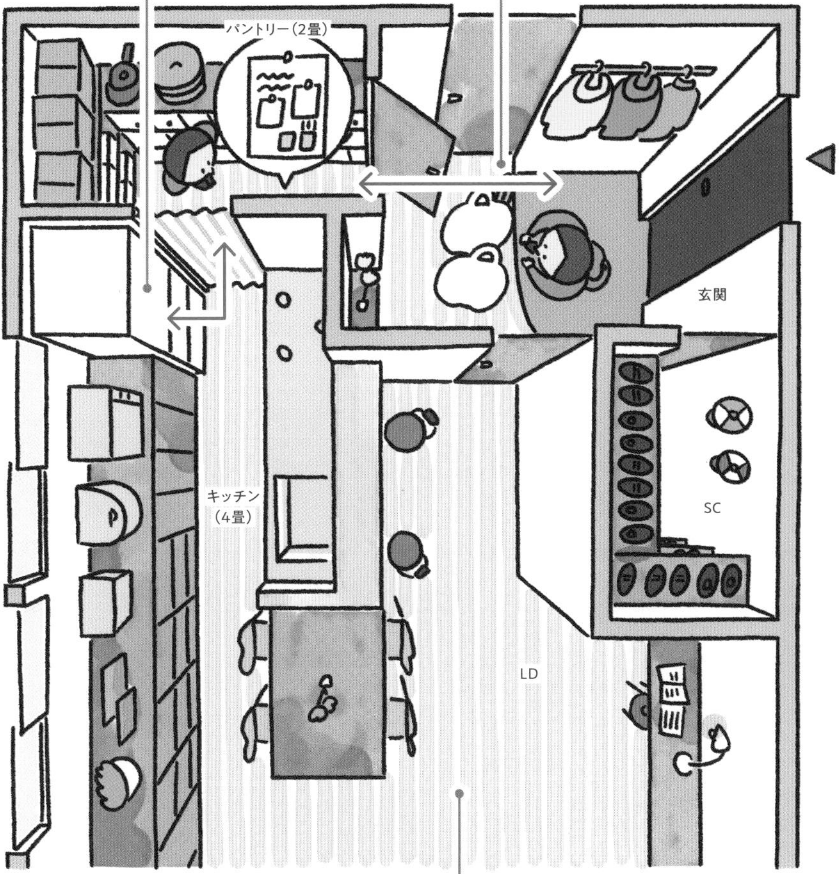

パントリーの配置はLDの間取りにあわせて

生活感が出やすいパントリーは、LDから直接見通せないのが理想的。家族がおやつや飲み物を取りに行きやすいかどうかも検討しておくと安心です。

オープンなキッチンもスッキリ 家事室も兼ねたパントリー

家族の様子を見ながら家事ができると人気の対面キッチン。収納が丸見えにならない工夫で、見た目も美しく！

POINT 1

食器棚のうしろのパントリーは

PPケースやステンレスラックを組み合わせて収納

おかし
パン
ストック品
お金
ゴミ
袋もの
お弁当
米
新聞

食品の他にも重要な書類も管理できるし

要らないものは脇のゴミ箱で処分

お菓子入れはバスケットだから

おかし
パン
よいしょ

♪

持ち運び便利

ガサゴソ

POINT 2

キッチン背面の食器棚収納は

高さ方向も生かして収納！

お皿は立てて収納！

市販の収納を組み合わせて整理

大型の調理家電やストック食材はパントリーへ。引き出しやバスケットを使うと、こまごましたものも片づきます。書類や料理本などをまとめれば家事室にも。

食品以外はキッチン背面の収納に

食器や調理器具などは、料理中にすぐ手が届く背面収納に入れて。振り向くだけで取り出せるので作業が中断されません。洗ったあとに収納するのもラク♪

パントリー（1畳）

DK（11.5畳）

POINT

LDからはパントリーが見えないのがポイント

LDを見渡せるのが魅力の対面キッチンですが、反対に丸見えになりやすい面も。背面収納でほどよく死角を作ると、LDのくつろぎ感を損ないません。

キッチンの収納と家電の寸法

キッチンまわり全体のレイアウトや収納計画に関わる、家電や基本的な寸法を把握しましょう。動線やコンセントの位置にあわせて計画します。

キッチンの基本寸法

冷蔵庫の種類と寸法

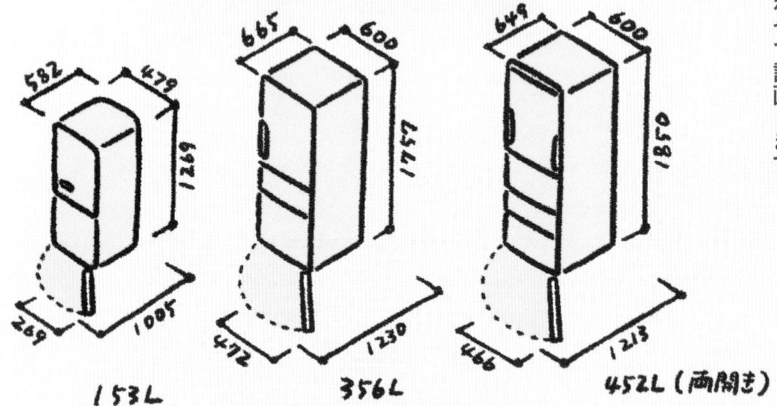

4人以上の家族向けのサイズは、1人暮らし向けの約1.5倍。扉の開き方は、利き手と反対側が開くタイプだと使いやすくなります。両開きや観音開きタイプは汎用性が高く、人気です。

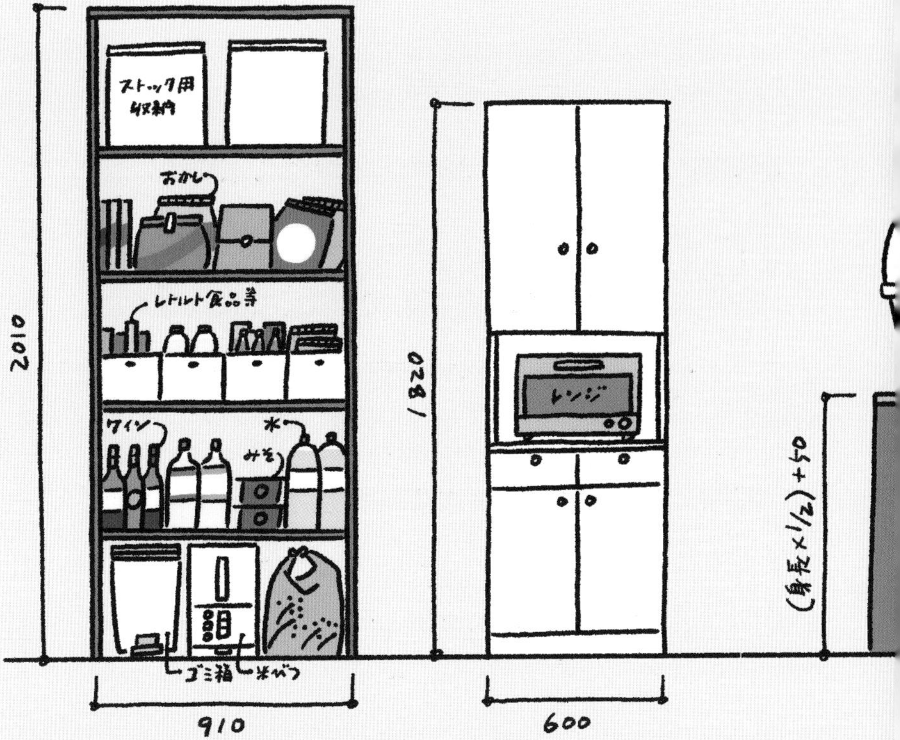

ストック用収納
おかし
レトルト食品等
ワイン
米
みそ
ゴミ箱
米びつ
2010
910
レンジ
1820
600
(身長×1/2)+50

おもなキッチン家電

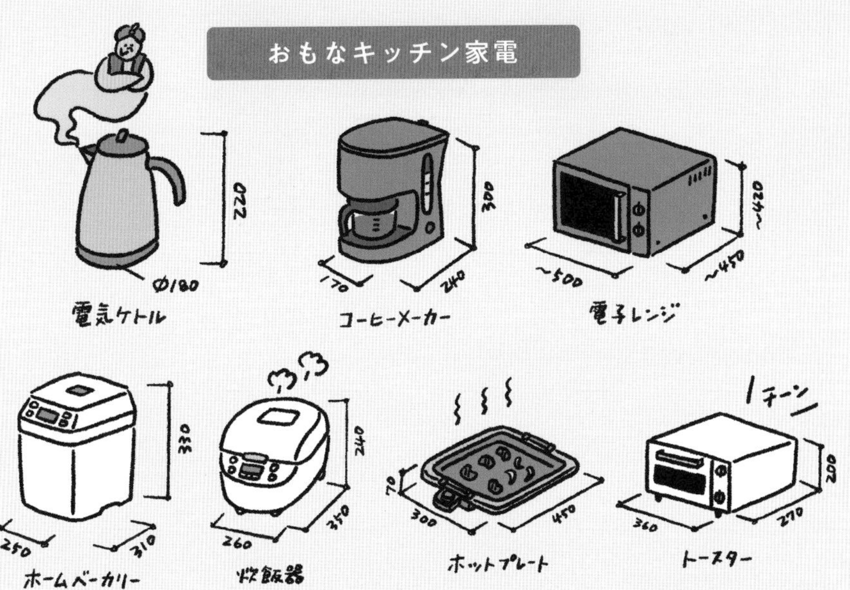

キッチン・パントリーのモノの寸法

器や調理器具を収納するキッチン収納やパントリーは、同居人数や種類にあわせて計画していきましょう。同シリーズの重ねられる食器で揃えると省スペースになります。

おもな食器

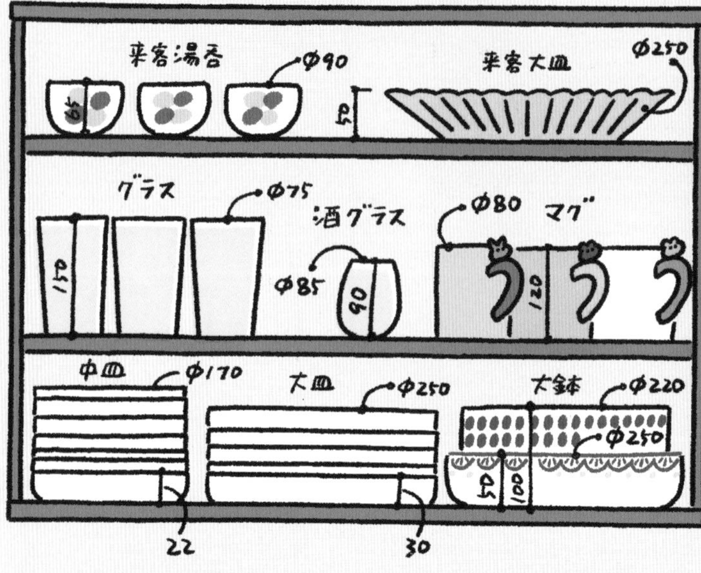

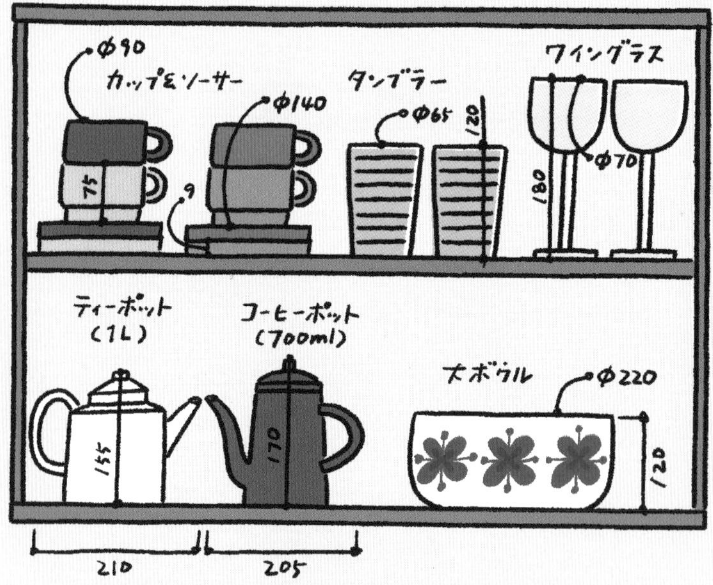

調理器具

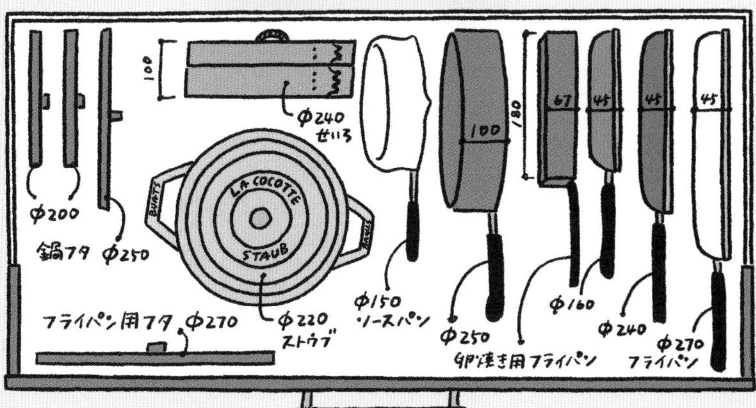

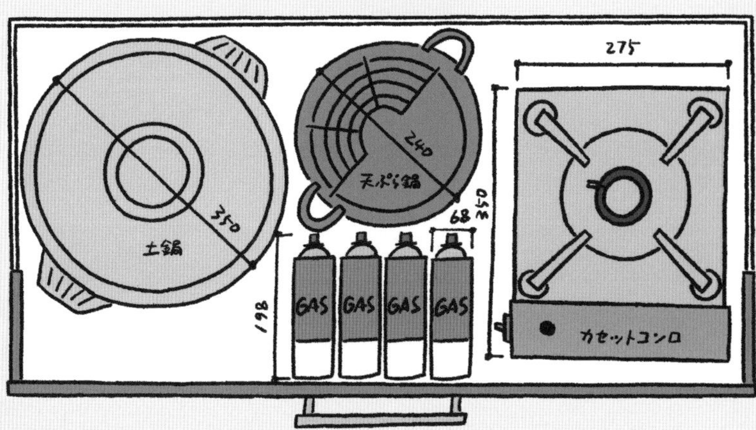

パントリーに収納されるおもなモノ

Floor plan and storage ideas Part ❸

―― 第３章 ――

スムーズ洗濯編

洗濯物を洗う・干す・取り込む・たたむ・しまう……。

いろいろなモノを使う家事だからこそ、

暮らしの動きにあわせて、部屋やモノを配置していけば、

洗濯はもっとスムーズに、効率アップ！

外干し・内干しなどの

ライフスタイルに合わせて収納を変えて。

Floor plan and storage ideas Part ❸

スムーズ洗濯

収納の基本

生活パターンに合った収納で省力化を

洗濯や衣類の収納にかかわる理想のプランは、家族構成やライフスタイルによって千差万別。自分たちがふだん洗濯する時間、乾かす方法、しまいたい場所、同時進行したい家事、家族に協力してもらうかどうかなどによって、洗濯機~物干し場~クローゼットの位置関係を決めるのがオススメです。ここでは代表的なパターンをもとに基本の考え方をご紹介します。

わが家の習慣に
合わせて
家事ラクに

洗濯収納、基本の時短コースはコレ!

スムーズな洗濯動線の基本は「脱ぐ→洗う→乾かす→しまう」の動作がムダなくできること。外干し派なら洗濯機のある脱衣室~ベランダ~クローゼットを近づける、乾燥機派なら脱衣室とクローゼットを直結させるなど、洗濯物の移動ルートが最短になるようにプランを。

FCがない人は こんな場所に衣類を収納しよう！

ファミリークローゼットを設けるゆとりがないなら、洗面脱衣室にリネン庫を用意し、パジャマや下着、タオルを収納。ほかの衣類は居室にしまうスタイルに。または洗面脱衣室と居室をつなぐ廊下に収納場所を設けると動線が短くなります。移動できるワゴン収納もオススメ。

外出着を収納

居室

洗面脱衣室

下着やタオル、パジャマ、部屋着を収納

廊下

しまいきれなかった部屋着は居室と洗面脱衣室の間に！

干し方によって変わる 収納動線のポイント！

外干し

- ☑ テラスやバルコニーへの距離を短く！
- ☑ たたむ場所も近くに設ける

室内干し

- ☑ スペースが必要
- ☑ スペースを洗濯機近くに設ける
- ☑ FCや各室が近いと便利

洗濯乾燥

- ☑ 乾燥時の音に注意
- ☑ たたむ場所か収納近くに設ける

浴室乾燥

- ☑ 収納場所をなるべく浴室近くに設けるとラク

洗濯のパターンはこの5つ！

洗濯機を起点に、洗濯物の干し方と衣類の収納場所をチャートにしました。家族に手伝ってもらうには？　ワンオペ家事をラクにするには？などを考慮しながら計画を。

ランドリー（洗濯機）

しまう

干す

FCが

ある

FCとなるべく近づけて！

家族の衣類が1カ所にまとまるFCは、洗濯物を乾かす・たたむ場所から近いのがベスト。ワンオペ家事の負担軽減にもつながる。

▶64、66、72、74ページへ

ない

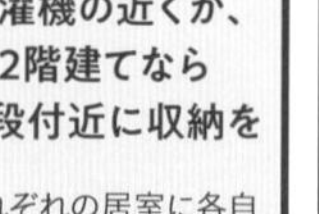

洗濯機の近くか、2階建てなら階段付近に収納を

それぞれの居室に各自で衣類を運べるよう、家族の動線上に仕分けボックスを。下着やパジャマはまとめて洗面脱衣室に収納。

▶68、70ページへ

室内干し

FCやハンガーバーがあると便利！

室内干しスペースにハンガーバーを設置。エアコンで除湿・送風ができると夏場も快適。FCを隣接させれば収納動線が最短に。

▶64、66、68、70、74ページへ

外干し

デッキやバルコニー、庭の近くがベスト！

濡れて重い洗濯物を運ぶ距離が短くなるよう、洗濯機と物干し場を近くにプラン。取り込んだあとの収納場所も近いとベスト。

▶68、72ページへ

そもそも干すスペースがない

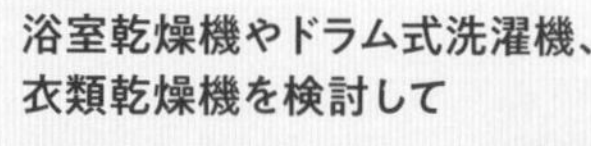

浴室乾燥機やドラム式洗濯機、衣類乾燥機を検討して

物干しスペースがない、アレルギーで外干しできない、洗濯を省力化したいなら乾燥機を使う手も。パワフルなガス式乾燥機も人気。

洗濯機の近くにはこんな部屋があると便利！

そのまま寝てしまいたい！

夜お風呂に入ったあと洗濯機を回して、そのまま寝たい！　という人は、浴室・洗濯機・寝室が近いとベスト。乾燥機で乾かし、寝室に併設したクローゼットに収納するのも◎。

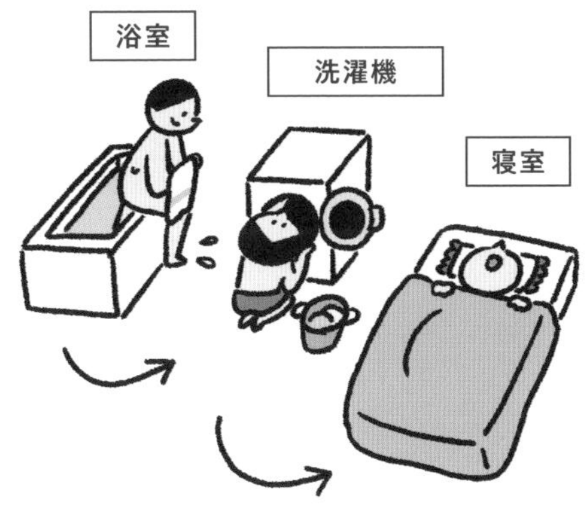

料理と平行する場合

朝や夜に料理しながら洗濯したい人は、キッチンと洗濯機をなるべく近づけ、行き来しやすいレイアウトに。物干し場やFCも動線に組み込めば、家事の同時進行がさらにラク。

洗濯機まわりの基本の収納

洗濯機まわりにも収納スペースを確保して、毎日使うランドリー用品をすっきり整理。専用の設置場所が要らない浴室乾燥機や、短時間で乾くガス衣料乾燥機なども検討しては。

浴室乾燥機

- 浴室を兼ねて省スペース
- シワになりにくい
- 光熱費が高い

ガス衣料乾燥機

- 早く乾燥できる
- 設置スペースが必要

（上部左右離隔、各4.5cm程度目安）

Floor plan and storage ideas Part ❸

疲れた夜の洗濯と忙しい朝の身支度がスムーズに！

衣類の管理を1か所に集約させれば、着替え～洗濯～収納の動線が最短に。朝と夜の負担がぐっと軽くなります。

この並びなら 翌朝の身支度もスムーズ！

WIC・洗面室・脱衣室を兼ねたランドリールームを一直線に。朝の支度も夜の洗濯もスムーズです。外干し派ならサービスバルコニーをつなげるのもオススメ。

パジャマやリネン類の収納は 動線上に

下着やパジャマ、タオル類は洗面室に収納。使う動線上にしまっておけば、別の部屋まで取りに行く手間が省けます。よく使うタオルはオープン収納でもOK。

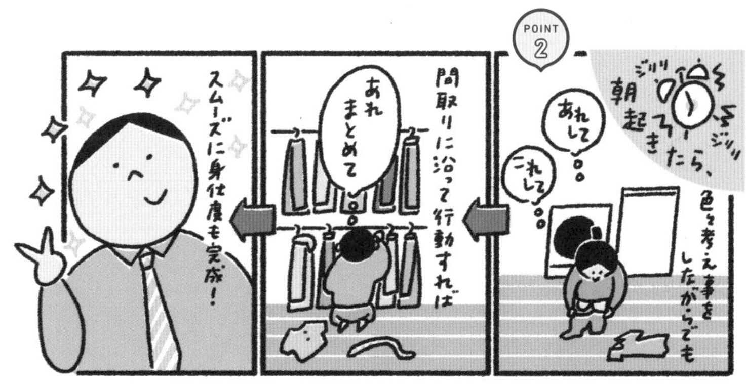

スムーズ洗濯 ②

料理と洗濯を同時に進行しやすい家事ラク配置

キッチンと洗濯機を近づけたレイアウトは〝ながら家事〟に最適。収納まで含めて計画すれば、さらに便利に。

朝、料理と洗濯が同時に進行しやすく家事ラク！

洗濯機を回しながら朝食を準備したい。そんな人にはキッチン〜洗濯機を行き来しやすいプランが◎。間にファミリークローゼット（WIC）があれば収納動線も最短に。

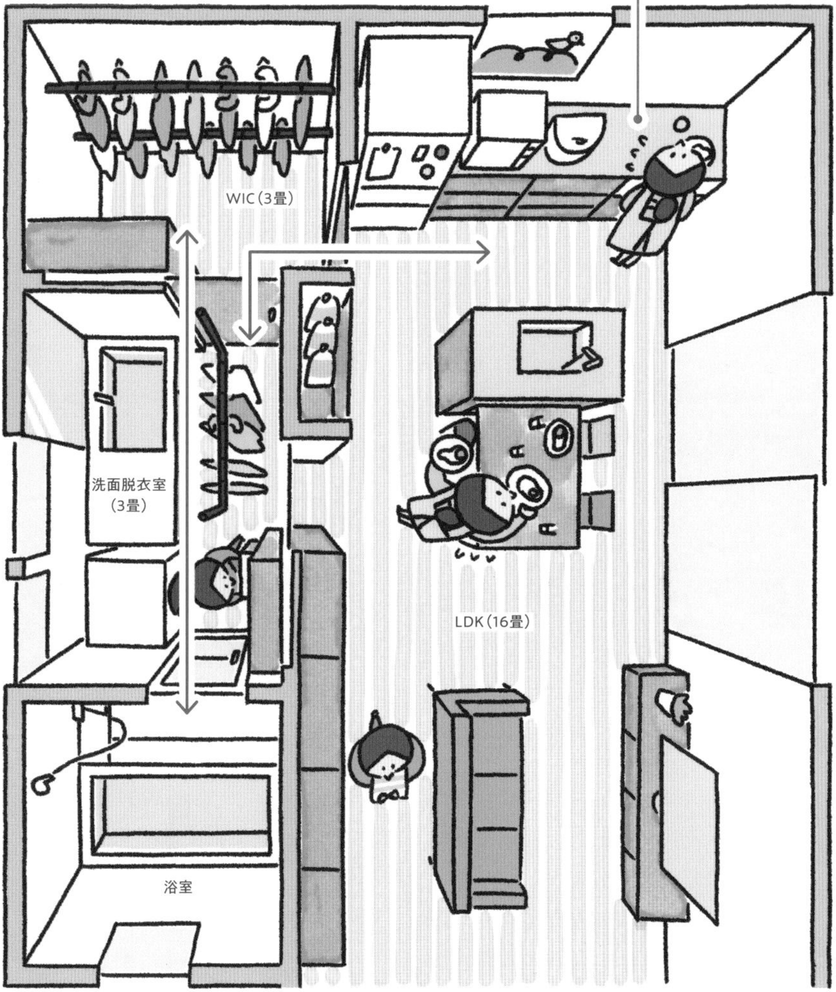

夜、お風呂上りにそのまま洗濯・収納！

夜に洗濯する派は、入浴後に洗濯機をセットして就寝→朝には乾燥済みをすぐ収納、という流れに。キッチンと浴室が近いと子どものお風呂チェックもラク。

WIC（3畳）

洗面脱衣室（3畳）

LDK（16畳）

浴室

干す・しまうの救世主！どんな家もハンガーバーで解決

水まわりにあると便利なハンガーバー。ちょい掛けにも室内干しにも活躍します。目立たない場所を選んで設置を。

POINT 1
隠れた場所にハンガーバーがあれば
…
来客時も安心！

忙しいときは
料理して
お風呂入って
また仕事して

干して乾いたものをそのままサッと使うこともできる…

洗濯機のすぐそばにハンガーバーがあれば

あらかじめ干してから外に持っていけば
日焼けせずラク！

POINT 2
急な汚れものも
ママ〜!!
レロレロ
ギャ〜〜

ガス乾燥機があれば
洗濯して
乾燥して

リビングの近くに子ども服があれば着替えラクラク
キッチンカウンターの下
リビング

約1時間半で
洗濯完了！

ハンガーバーは室内干しにも一時置きにも超便利！

洗濯機のそばにハンガーバーがあれば、外干しする洗濯物をハンガーにかけたり、そのまま室内干ししたりと便利。生活感が出やすいので、LDから死角になる場所がベスト。

WC
洗面脱衣室（3畳）
浴室
ベランダ
キッチン（4.5畳）
廊下（2.5畳）

物干し場と同じフロアに収納を設ければスムーズ

物干し場の近くに家族の衣類をまとめて収納。取り込んだあとすぐにしまえます。リビングからも近い位置なら、子どもの着替えを取りに行く手間も省けるはず。

家族がそれぞれ片づけやすい！ LDに「洗濯後」収納を設ける

洗濯後の服を各部屋にしまう作業、一人だけが担当していませんか？ こんな工夫で家族が分担しやすくなります。

乾いた洗濯物は
どっさり

POINT 1
リビングとダイニングを仕切るこの棚の
このボックスに入れておけば
母
父
姉
弟

それぞれが
自分の部屋に持って行く仕組み

パパが持ち忘れチェッカーで
誰か忘れている…！

これはママのだ
ママかよ！

ママのは私が持ってく～
ママもラクチン！

洗濯物置場と階段が近いので、
洗濯室
至ママの部屋
POINT 2
階の違う個室にもデリバリーがラク！

POINT 2

2階建て以上は 階段付近に設けるとよい

それぞれの個室が別のフロアにある場合は、階段のそばに仮置き場を設けるのがオススメ。全員が通る動線上にあることで、無理なく習慣化できるはず。

POINT 1

洗濯機から各部屋へ 行く途中に配置するのが◎

乾いた洗濯物を家族ごとの仕分けボックスに入れ、リビングの収納に借り置き。子ども服は子ども部屋へ、大人の服は寝室のクローゼットへ各自で運びます。

外干し派にオススメの洗濯～収納、超時短間取り！

外干し派にとって、洗濯機～物干し場の遠さが悩みの種になりがち。デッキを含めたプランで解決しましょう！

外干し派に嬉しい物干しデッキ

オオオ

POINT 1

物干しデッキの横に洗濯機があれば

ピー！

すぐに干せるし

取り込めば、床に広げた洗濯物も

パジャマ

タオル

下着

POINT 2

脱衣室入り口の収納へ！

ハンガーのまましまえそうなものはそのまま抱えて…

ガッ

POINT 3

バッ

ファミリークローゼットへ！

デッキ脇に洗濯機を！

洗濯機置き場と物干しデッキを直結させると、濡れて重たい洗濯物を運ぶ動線が最短に。さらに脱衣室を兼ねていれば、汚れものの移動もありません。

ファミリークローゼットのほかリネン収納があると便利

取り込んだ洗濯物のうち、下着やタオルなど洗面室で使うものはリネン収納にまとめると便利。ランドリーグッズやアイロンなどの収納場所としても役立ちます。

浴室

デッキ

洗面脱衣室（3畳）

WIC（3畳）

デッキ・洗濯機・FCが近ければ収納ラクラク！

デッキ＆洗濯機にファミリークローゼットをつなげれば完璧♪　外干しした衣類をそのまま収納できます。ハンガー干しのシャツは移動させるだけ。

各自で片づけやすい間取りなら、収納が劇的ラクに！

個室と水まわりを同じフロアに配するプランは、洗濯動線にもメリットいっぱい。家族のお手伝いもはかどります。

POINT 1

浴室・洗濯機・ファミリークローゼットが同じフロアにあると・・・

便利だなー

脱いだ服をすぐ洗濯

すぐしまえる

お風呂に入っている間に終わった洗濯物は

POINT 2

すぐ脇の室内干しスペースで干せる

同じフロアに衣類の収納場所があるので、

FC
W
BATH
VERANDA
LAUNDRY
ROOM
ROOM

POINT 3

収納の動線が最短に

洗濯機と個室が離れているので

FC
W
BATH
VERANDA
LAUNDRY
ROOM
ROOM

音も気にならない

浴室→洗濯→FC（WIC）の流れが最短！

入浴前に汚れものを洗濯機にIN。そのまま洗って室内干ししたら、隣のファミリークローゼット（WIC）へ。乾燥機ユーザーなら室内干しスペースを省略しても。

脱衣室兼室内干しスペースが収納基点になる

室内干し派にオススメなのが、洗濯機・物干しの場所をベースにして衣類の収納場所を決める方法。動線が短くなるようにプランすれば家事ラクにつながります。

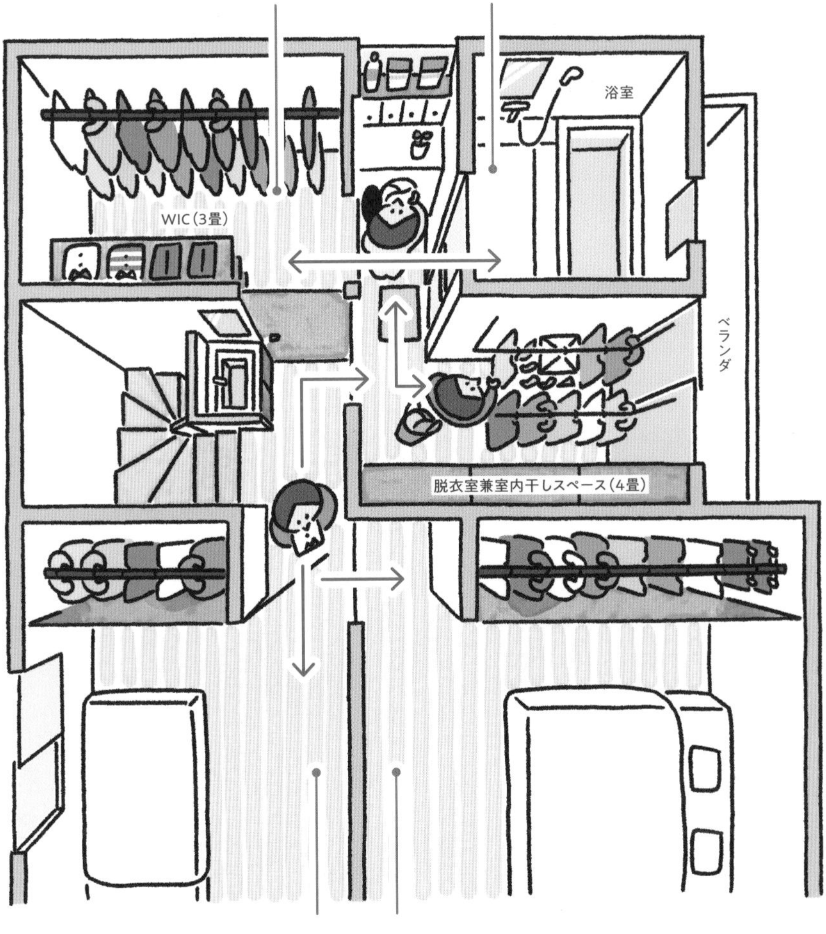

WIC（3畳）

浴室

ベランダ

脱衣室兼室内干しスペース（4畳）

個室と同フロアなら各自で片づけやすい

洗濯機が子ども部屋や寝室と同じフロアにあれば、乾いた衣類を各自で運ぶのもラク。間に階段や室内干しスペースをはさむと音も気になりません。

洗濯機まわりのモノの寸法

洗濯機のほか、干し方や乾燥機の有無、アイロンがけをどこでするかによって、洗濯室に置くモノは変わってきます。自分の洗濯のやり方によって置くモノや計画を調整しましょう。

洗濯機の基本寸法

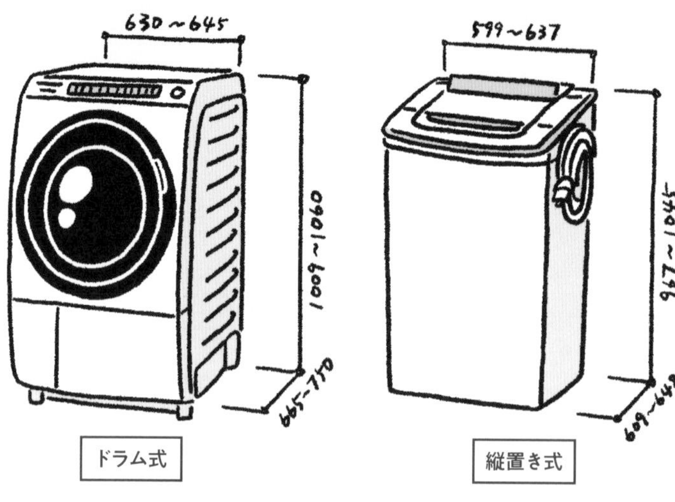

扉解放時の寸法

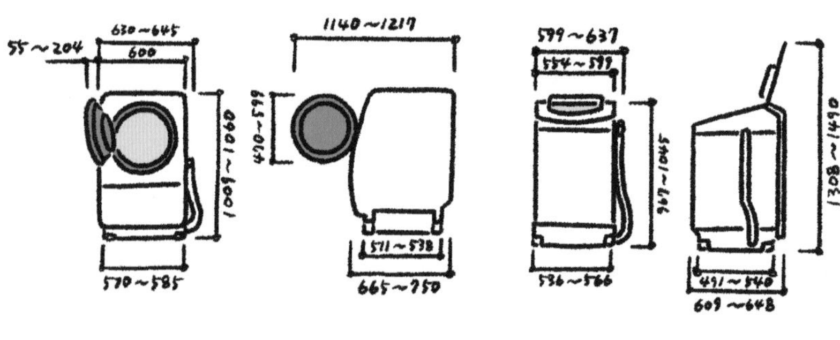

排水口の位置に防水パンを配置

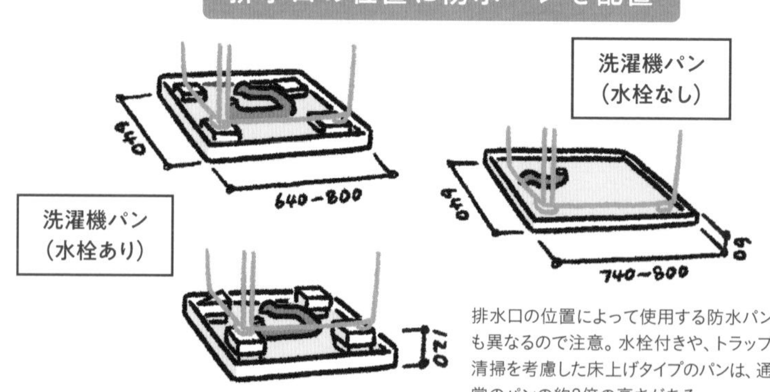

排水口の位置によって使用する防水パンも異なるので注意。水栓付きや、トラップ清掃を考慮した床上げタイプのパンは、通常のパンの約2倍の高さがある。

タオルの寸法

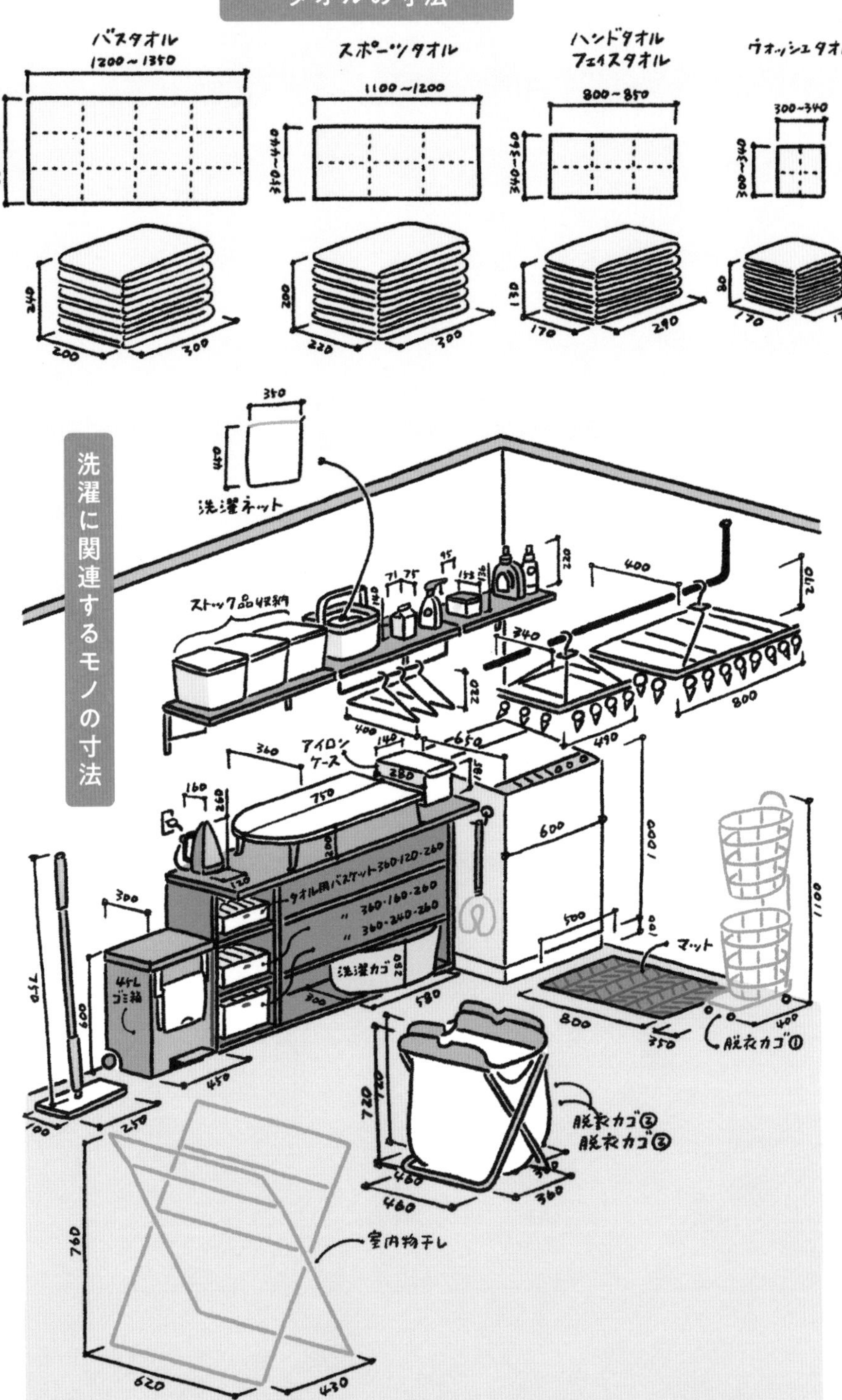
バスタオル
1200～1350
600～650
240
200
300
スポーツタオル
1100～1200
340～440
200
220
300
ハンドタオル
フェイスタオル
800～850
340～360
130
170
290
ウォッシュタオル
300～340
300～340
80
170
170
洗濯に関連するモノの寸法
洗濯ネット
ストック品収納
アイロンケース
タオル用バスケット360・120・260
〃 360・160・260
〃 360・240・260
洗濯カゴ
45Lゴミ箱
マット
脱衣カゴ①
脱衣カゴ②
脱衣カゴ③
室内物干し

Floor plan and storage ideas Part 4
何か手伝・う?
お皿洗って〜!

第4章

お掃除ラクラク編

掃除しやすい家の仕組みをつくれば、
大掃除要らずの、いつもキレイな家が実現します。
掃除をラクにするコツは、「手軽に掃除できる配置」と、
「一筆書きで一気に掃除できる部屋」にすること！
無理せずキレイが続く、家の工夫を紹介します。
お掃除ロボットに最適な家づくりのコツも大公開！

Floor plan and storage ideas Part 4

お掃除ラクラク 収納の基本

キレイをラクに保てる仕組みづくりを

便利なお掃除ロボットが登場するいっぽう、除菌や拭き掃除など、まだまだ人の手によるお掃除習慣も必須。ごちゃごちゃしやすい掃除道具をどう収納するか、どこに置けば手軽に掃除できるかをきちんと考えておくと、その後の生活が劇的にラクになります。床置きのモノを減らすといった基本を守りながら、わが家流のお掃除システムをプランしてみて。

「ひと筆書き」で掃除できるレイアウトが基本!

掃除機をかけるときも、お掃除ロボットを使うときも、「ひと筆書き」で移動できれば動きにムダがなく、短時間で掃除が完了。通路をふさぐような家具のレイアウトはなるべく避け、床にモノを置かないのが鉄則です。出入り口は開けっ放しにしておける引き戸がベター。

小さな掃除道具をあちこちに！スキマ時間に「ついで」動線が便利

すべての掃除道具セットを「汚れやすい場所」や「ついでに掃除しやすい場所」に配置すれば、汚れに気づいたときやスキマ時間にサッと掃除できます。

を1カ所にまとめてしまうと、そこまで取りに行くのが面倒になりがち。ウェットティッシュやミニ塵取りなどの小掃除

2階建て以上の場合は上下移動で階段もキレイ！

2階建て以上の家の「ついで掃除」のアイディアをご紹介。階段の上と下にほうきの収納場所を設けておき、朝は階段を降りながら掃き掃除をして階段下の収納へ。夜は上りながら掃除して階段上に収納、という仕組みです。移動のついでにひと筆書きで掃除できるのが◎。

こうすれば使いやすい！掃除道具の収納方法

プチ掃除セット

リビングやダイニングの収納には、ウェットティッシュや除菌スプレーなどの拭き掃除セットを常備。子どもがお菓子を食べた手でさわったリモコンなどもサッと拭き取れて、ストレスなくキレイをキープできます。

場所　リビング、ダイニング

キッチンカウンターから調理中の食材が落ちたり、ダイニングテーブルで子どもが食べこぼしたり。そんなとき役立つのが小さな掃き掃除セットです。テーブル下などの目立たない場所にスタンバイさせるのがオススメ。

場所　ダイニングテーブル脇、キッチンカウンター横

外掃除セット

玄関や庭、ベランダなど外まわりの掃除道具は、シューズクローゼットや土間収納、勝手口などにまとめて収納。床が土間なら水拭きで濡れた道具も気兼ねなくしまえます。車用の掃除道具・洗車用品も同様に。

場所　ベランダ、土間、シューズクローゼット

お掃除タワー

各部屋で使う小掃除セット以外の掃除道具は、廊下やパントリーなどにまとめて収納。扉をつければごちゃつきが目立たず、タテ型だとスティック掃除機も収納しやすくなります。充電するなら内部にコンセントを。

場所　リビング、ダイニング、パントリー、廊下

お掃除ドア

ドアの内側も収納スペースとして活用。フロアモップや粘着式クリーナーなど、軽いモノなら吊るして収納できます。扉を開けるだけで手に取れるのも便利。フックやバーは吊るしたモノが棚にぶつからない位置に。

お掃除ウォール

掃除用具専用の収納をつくれない場合は、壁面を活かして吊るす・かける収納に。パントリー内や廊下のコーナーなど、死角になる場所を選ぶのがベスト。

場所　パントリー、廊下など

お掃除ワゴン

掃除セットをワゴンにまとめれば、使いたい場所に引っ張っていけます。各部屋を移動できて、掃除がはかどります。ふだんはパントリーなどに待機させて。

場所　パントリー、ダイニング、廊下

どこでも
移動させ
やすい！

Floor plan and storage ideas Part 4

これがお掃除ロボットがいる 家づくりのコツ、大正解！

お掃除はロボットにおまかせ！ という家なら、ロボットの動きやすさにひと工夫を。基地も用意するとベスト。

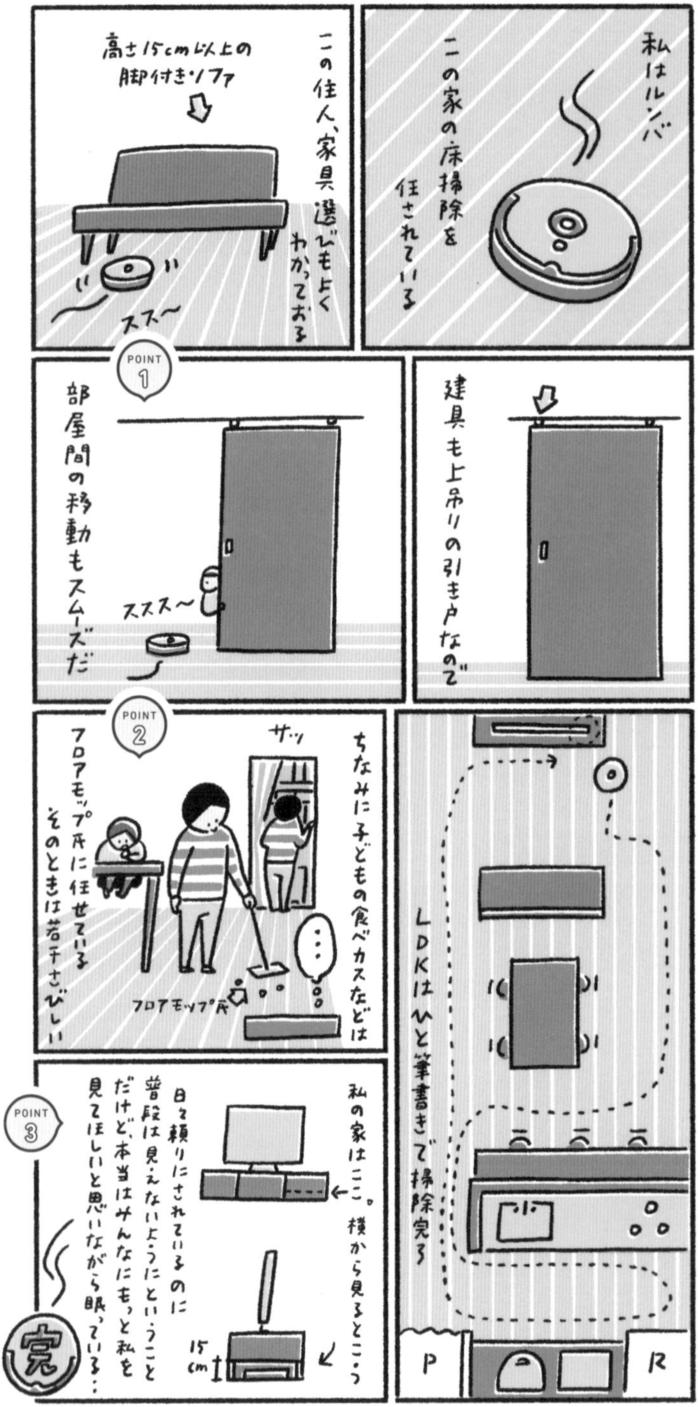

私はルンバ

この家の床掃除を任されている

この住人、家具選びもよくわかっておる

高さ15cm以上の脚付きソファ

スス〜

建具も上吊りの引き戸なので

POINT 1

部屋間の移動もスムーズだ

ススス〜

LDKはひと筆書きで掃除完了

P

R

POINT 2

ちなみに子どもの食べカスなどは

サッ

フロアモップ氏に任せている そのときは若干さびしい

フロアモップ氏

…

POINT 3

私の家はここ。横から見るとこう

15cm

日々頼りにされているのに普段は見えないようにということだけど、本当はみんなにもっと私を見てほしいと思いながら眠っている…

完

なるべく扉は少なく！
あっても引き戸が◎

ロボットが部屋から部屋へ移動しやすいよう、室内の建具はドアよりも引き戸に。吊り戸にすると床に敷居やレールができず、よりスムーズに動いてくれます。

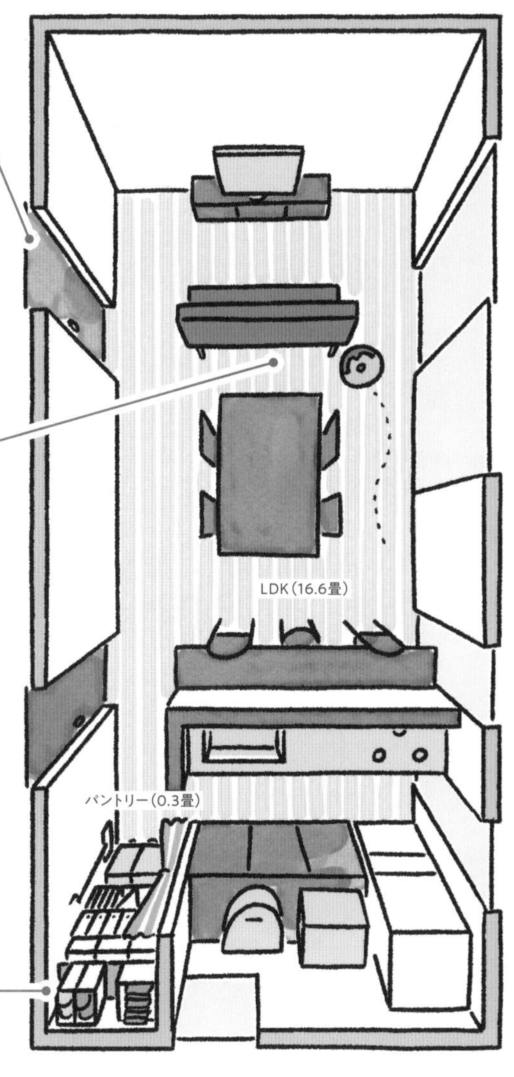

お掃除ロボットの入る
高さ寸法は約15cm

お掃除ロボットを待機させる基地や、置き家具は、床から高さ15cmくらいの空間があると移動がスムーズ。基地には充電用コンセントを忘れずに。

ダイニングとキッチンの間に
お掃除道具を収納する

ロボット以外の掃除道具はDKのそばに収納。フロアモップやスティック掃除が手近にあれば、調理中や食事中にこぼれた食べ物などをサッと掃除できます。

②

掃除がラクになる！掃除道具の配置ルール

Floor plan and storage ideas Part 4

掃除用具は汚れやすい場所にしまうのが鉄則。モノをこぼしたり散らかしたりしても、慌てずに対処できます。

私のお母さんはいつも慌てている

ガッシャーン

やばい やばい

…

POINT 1

でもキッチン近くの隠れた所に掃除道具があれば

キッチンを汚したらすぐに掃除できるらしい

手伝おうか？

大丈夫〜

あッ

ガシャ〜ベショ〜

POINT 2

リビングの近い所に小掃除セットをしまっていれば

ハンディモップ

ぞうきん

コロコロ

フキフキ

こんなときもすぐ拭ける

POINT 3

建具が上吊りの引き戸ならレールが床にないから

ホコリがたまらず便利みたい

何か手伝う？

お皿洗ってく〜！

掃除用品はリビングから見えない位置に

食材が落ちたり液体がこぼれたりと汚れやすいキッチンも、近くに掃除用具がしまってあれば手間なくキレイに♪　収納場所はリビングから見えないように配慮を。

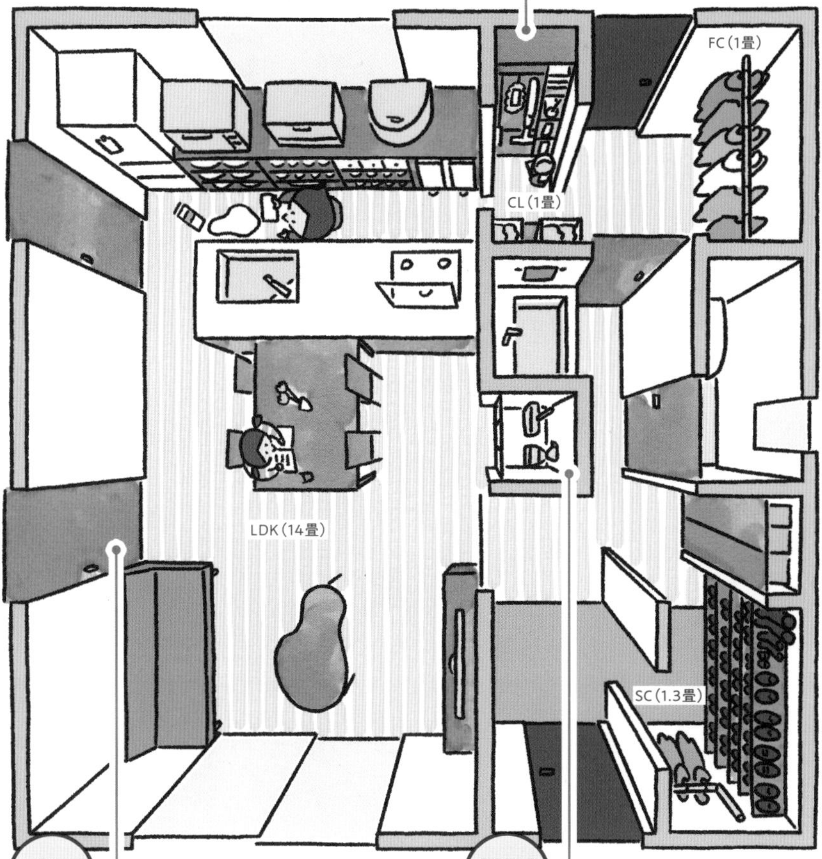

FC（1畳）

CL（1畳）

LDK（14畳）

SC（1.3畳）

POINT 3

引き戸を開け放てば掃き掃除もラクラク！

掃除機もフロアモップも、手を止めずにスイスイ動かせるとストレスフリー。そのためには扉ではなく、開けたままにできる引き戸を多用するのが正解です。

POINT 2

LDの近くにちょこっと小掃除セットがあると便利！

リビングやダイニングのちょっとした汚れには小掃除セットがお役立ち。卓上を拭くウェットシートや粘着式クリーナー、ハンディモップなどをしまう場所を確保して。

Floor plan and storage ideas Part 4

汚れやすいキッチンと玄関が いつもキレイな間取り

勝手口と玄関に水場のあるプランで、外から入ってくる汚れをしっかりブロック！ 掃除道具の配置にも注目して。

買い出し帰り

おも゛い゛〜〜

勝手口があれば

…

帰宅時の食材の収納がスムーズ

SMOOTH!

POINT 1

勝手口の外に生ゴミも簡単にポイ

GOMI

POINT 2

掃除道具はパントリーの中だから

汚れを居室に持ち込まない！

勝手口もキレイを保てる

スロップシンクもあると便利！

KIREI

POINT 3

手洗いが玄関と近い所にあれば

手も洗えるし

玄関が汚れたらサッと水拭きできる！

KIREI

掃除道具はキッチンからも玄関からも使いやすい位置！

玄関と勝手口の土間がつながったプラン。どちらからも取りやすい位置にほうきやスティック掃除機を置いておけば、汚れやすい土間をいつもキレイに保てます。

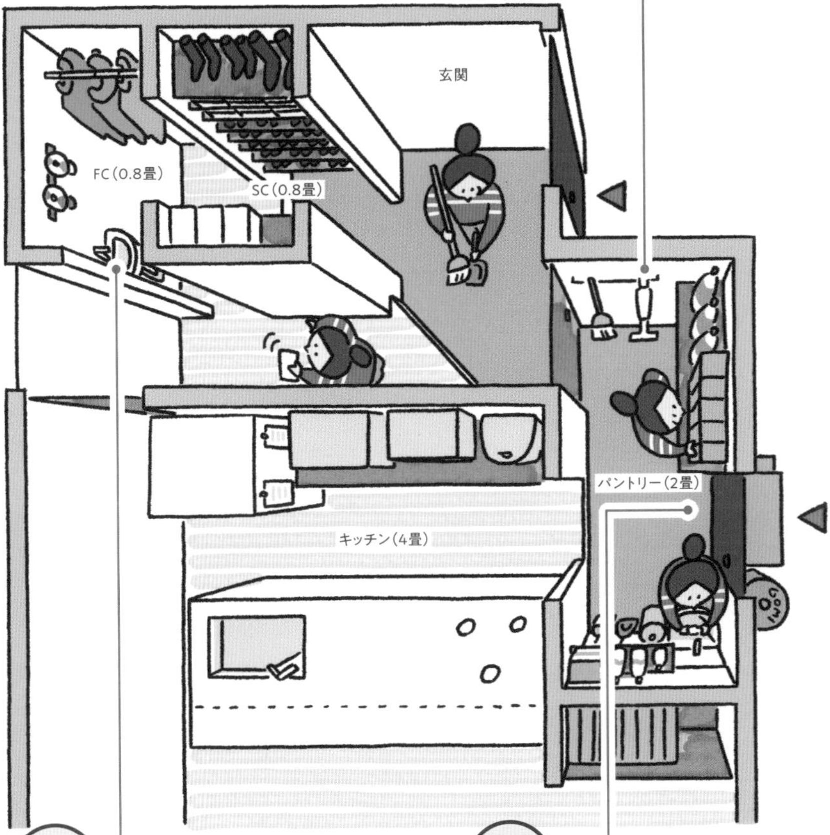

玄関
FC（0.8畳）
SC（0.8畳）
パントリー（2畳）
キッチン（4畳）

POINT 3

玄関から一直線の手洗い場で来客前の掃除もササっと！

家族が通るシューズクローゼットの奥にも小さなシンクを。帰宅してすぐ手を洗えるのはもちろん、拭き掃除のたびに水を汲みにいく手間が省けます。

POINT 1

勝手口があればキッチンはいつも清潔

パントリーにつながる勝手口があれば、買い出し後の荷物の運び込みがラクに。生ゴミも玄関を通らずに済みます。ぞうきんを洗える水場があればさらに便利。

掃除道具と基本の寸法

掃除しやすい部屋にするには、収納場所をあちこちに設けておくのがポイント。寸法を把握して、各室の収納計画に活かしましょう。お掃除ロボットが掃除しやすい部屋のヒントも。

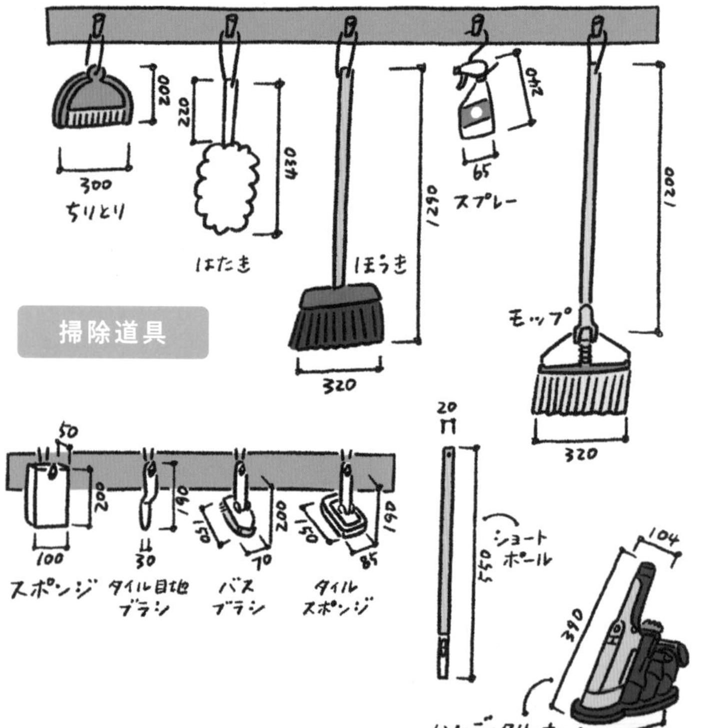

これがお掃除ロボットが動きやすい部屋！

Floor plan and storage ideas Part ⑤
1800

―― 第5章 ――

狭くても広々暮らす編

狭い面積の部屋や、小さな家でも
スッキリ暮らしを実現できる間取りと収納。
動かせる間仕切り収納や、兼用できる家具を使うことで、
家は面積以上の広さやゆとりを持つことができます。
家事や暮らしの動きもより一層スムーズに。
コンパクトな暮らしは、時短にも繋がります。

Floor plan and storage ideas Part ⑤

狭くても広々暮らす

収納の基本

小さな家でも収納をあきらめない！

「家が狭いから納戸やファミリークローゼットは無理……」そんなお宅でも工夫しだいで収納スペースは増やせます。ここでは収納の容量だけでなく、通過しながらしまえる、部屋の間仕切りになる、インテリアを兼ねられるなど、使い勝手にもすぐれた収納テクニックをご紹介。コンパクトな収納スペースをフル活用するためのアイディアも、ぜひ参考に。

廊下収納なら自動的に片づく仕組みができる！

部屋が狭いなら収納スペースを廊下に出してみては。帰宅動線上にあれば部屋へ入る前に上着やバッグが片づき、洗濯した衣類を戻すのもラク。廊下で身支度する前提で、下着は洗面室などにしまいましょう。廊下の本棚は家族で共有しやすく、興味や知識の幅が広がることも。

移動しながら
片づいていく！

START

GOAL

家族みんな
で使える！

動かせる間仕切り収納で暮らしにあわせて使い方を変える

ワンルームの子ども室を収納家具で仕切るプランは、成長に合わせて変化させやすく、あいまいに仕切ったり、2部屋に分けたりと自由自在。子どもが巣立ったあとは、家具を壁ぎわに寄せるだけでワンルームに戻せるため、客間や趣味室などに再利用しやすくなります。

収納は「裏」も「表」も使えば劇的便利に！

収納家具に背板のないスケルトンタイプを選ぶと、部屋の間仕切りになるうえ両側から使えて便利。天井との間に空間があれば、圧迫感もなくなります。声や視線が届くので、収納を挟んだやりとりも可能に。つねに1か所を開けておき、持ち物の受け渡しに使うのもオススメ。

棚を使いこなせば もっと省スペースに！

奥行が狭い
棚でも大丈夫！

扉なしのオープン収納か引き戸に

狭い場所に棚を設ける場合は、手前に開閉スペースが要らない引き戸を選んで。戸のないオープン収納でもOK。

布やカーテンで目隠し

ごちゃつきを目隠ししたいならカーテンやロールスクリーンを。中身にホコリがかぶりにくくなるメリットも。

服は正面掛けと割り切る

棚の奥行きが上着の肩幅よりも浅い場合は正面掛けに。スーツ類には上下ペアで収納できるハンガーが便利。

棚板は間隔をギリギリに

棚板は収納ケースの高さに合わせてムダな空間をなくす。レールをつけて可動式にすると微調整しやすい。

ボックスで見た目を整える

引き出しの代わりにボックスで小物を整理。サイズと素材を揃え、ラベリングすれば見た目もすっきり整う。

靴も横向き。ペアがわかるように収納

奥行きの浅い収納棚では靴も横向きに。積み重ねられる収納グッズを使えばペアで保管でき、出し入れもラク。

もっとコンパクトな暮らしの工夫

新築やリノベで間取りを変えられなくても、役立つ収納アイディアをまとめました。
ちょっとした省スペースの工夫で、くつろぎの場がもっと快適になるはず！

家具兼収納になるインテリアに

下に引き出しのついたベッドやソファ、箱型のベンチやセンターテーブルなど、収納を兼ねた家具は、省スペースな暮らしにお役立ち。季節外の衣類やクッションなど、かさばるモノの収納にも最適。

壁掛け収納をフル活用！

まとまった収納スペースを設ける床面積がない場合は、壁面をフルに使って吊るす・かける収納を。使う場所にフックやバーをつければ手に取りやすく、じゃまな床置きの荷物も減らせます。

家具を差し引きする

ソファでくつろぎたい「リビング中心派」は、カウンターを食卓に。だんらんも仕事も食卓でといういう「ダイニング中心派」はソファをやめるなど、暮らしに合わせてＬＤの家具を差し引きして。

狭くても広々暮らす ①

Floor plan and storage ideas Part 5

子ども室では動かせる収納を間仕切り代わりに使う

子ども部屋は成長に合わせて変化させられるのがベスト。動かせる収納家具でフレキシブルな空間づくりを。

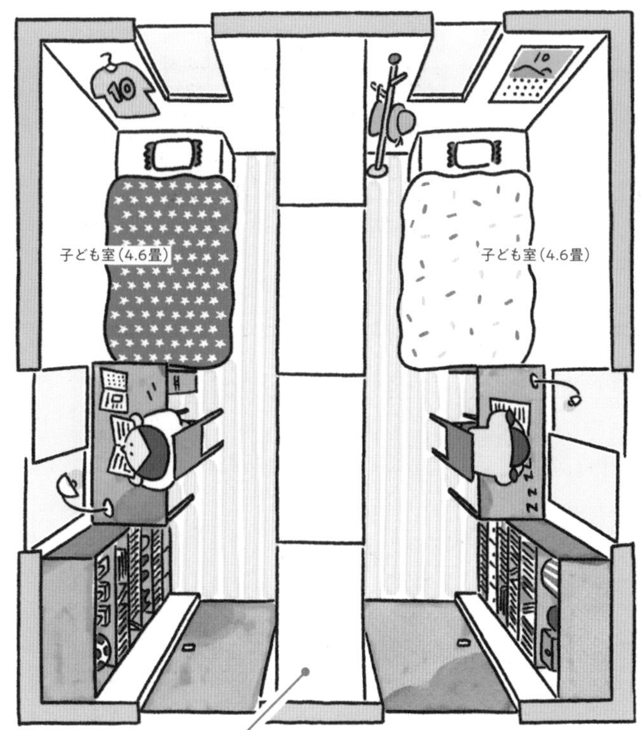

POINT 1

成長に合わせて柔軟に間取りを変えられる

出入り口を2つ設けたワンルームの子ども部屋を、動かせる収納家具で間仕切り。子どもが小さいうちは家具なしで広々と使い、成長してそれぞれのスペースが必要になったら好きな場所に収納家具を配置します。市販の家具を使うなら、裏側まできれいに仕上げてあるものがオススメ。

POINT 2

子どもが小学生になったら一緒に話せるデスクで仕切る

小学生ごろなら、間仕切りの一部を開け、両側から使えるデスクを置くアイディアも。各スペースから向き合え、遊びや勉強の時間を共有できます。成長したらデスクを各自のスペースに移動させ、収納家具で完全に仕切れます。

POINT 3

巣立った後は端に寄せて大きな1部屋としても使える！

子どもが巣立ったあとは、大人が書斎として再活用。収納家具を壁ぎわに寄せるだけでワンルームにできるので、将来の使い道が広がるはず。間仕切りはそのままに、夫婦それぞれの趣味室にする手も。収納量もたっぷり。

背板のない収納ひとつで廊下・デスク・リビング収納に！

スケルトンタイプの収納を間仕切りとして使うアイディア。声や視線が通り、両側から使える便利さに注目を。

デスクスペースには ダイニングでも使う文房具を

スケルトン収納のデスク側には、ペンやはさみなどの文房具を。ダイニングやリビングでもよく使うものなので、両側から使えるメリットを実感できるはず。

手洗い場には衛生用品を 収納すると便利

手洗いスペースとリビングの間を、背板のない収納で間仕切り。タオルやティッシュなどの衛生用品は、手洗いスペース側からも取りやすい場所にスタンバイ。

浴室
洗面脱衣室
WC
LD(13畳)

LD収納も兼ねるので 目線の高さは"飾る収納"に！

扉のない収納は飾り棚としても楽しむのがベスト。特に目線より上の棚は目に入りやすいため、観葉植物や写真、子どもの作品などを飾るとゆとりが感じられます。

Floor plan and storage ideas Part ⑤

テレビ裏を収納にすれば リビングはいつでもスッキリ！

テレビを設置する壁は一般的に広め。それならその裏側を収納に生かしてみては。隠れ家のような雰囲気も◎。

テレビの裏は
ここ
実は僕の秘密基地
Yo!Tube

この壁の裏は一面壁面収納で、
POINT 1
ホワイトボードで家族の予定も管理できる

日中はここで仕事

2段掘り下げれば、LDKにいる人と目が合わず
SHU CHU!
POINT 2
落ち着く空間に！

今晩はここで高校の同級生と飲み会なので
早く仕事を終わらせよう
カキカキ

そして夜
仕事終わった～
飲み会の準備しなきゃ
PM7:00

キッチンとも近いので飲み会の準備もラクラク！
R
K
D

久し振り～
今日はモヒートにしよう
なんか疲れてる？
さっきまで働いてた～
HAVE A NICE PARTY!

POINT

リビングはリラックス、デスクは作業と使い分け！

LDの一角にワークスペースをつくるなら、やんわりとエリアを分けて。お互いの姿が見えないほうが作業に集中でき、くつろぎの雰囲気も損ねません。

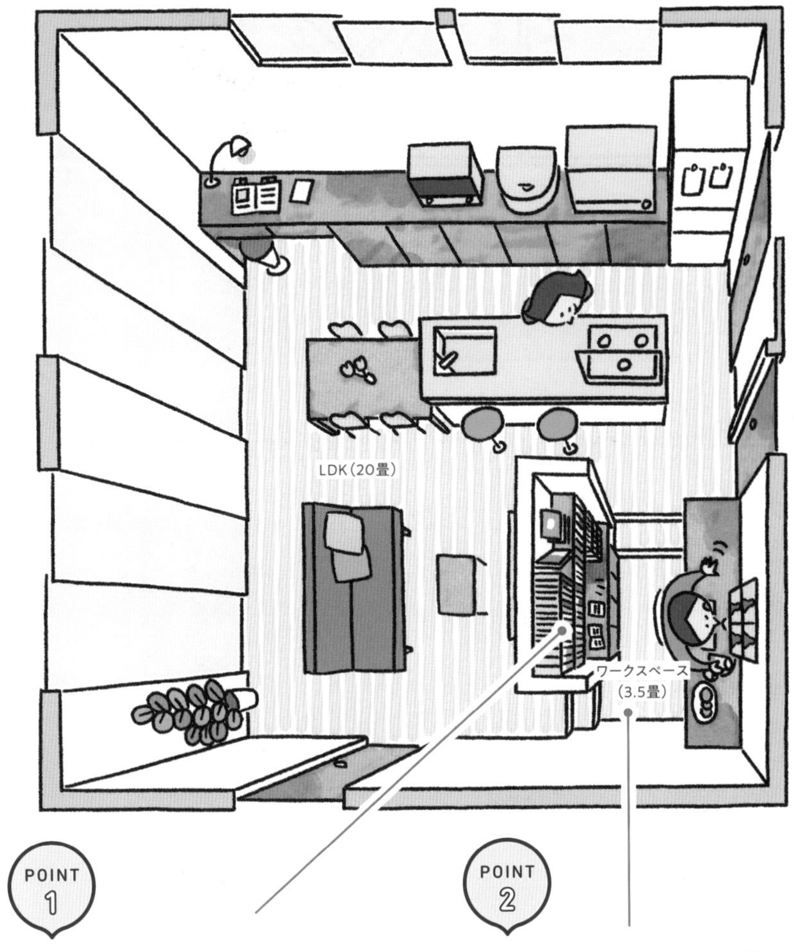

POINT 1

テレビ裏なら雑多なモノもこっそり収納できる！

テレビの裏側はLDから死角になるため、雑多なモノの収納に最適なうえ、他の部屋から取りに行くのもラク。壁一面をムダなく活かせる棚などを造作できればベスト。

POINT 2

LDKとは目線が合わずほどよいこもり感がある

壁で仕切られ、さらにLDから床の高さを下げたワークスペースは、独特のこもり感のある落ちつく空間に。リモートワークやビデオ通話にもぴったり。

狭くても広々暮らす ④

狭い家の救世主！廊下を収納代わりに使う

Floor plan and storage ideas Part 5

「家が小さくて大型収納は無理！」。そんなときは廊下の広い壁面に着目を。フルに活かせばたっぷりの収納に。

帰宅動線に合わせれば 片づけ～手洗いがスムーズ！

廊下の壁面収納は通過しながら収納できるのがメリット。終点を手洗いスペースにすれば、帰宅→片づけながら移動→手洗い→リビングという流れができます。

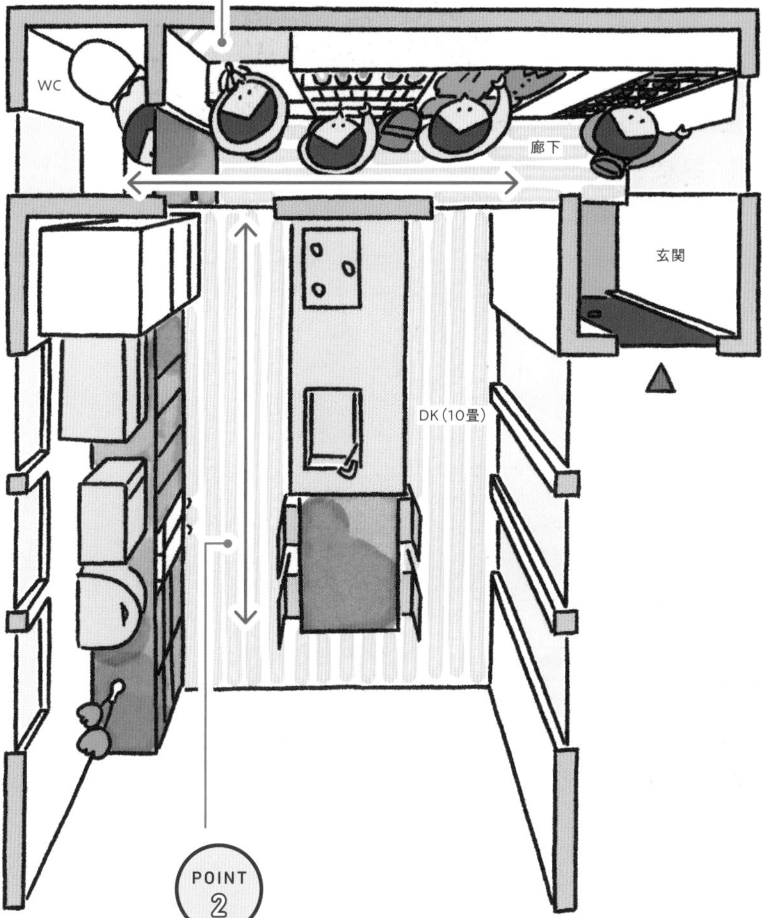

WC
廊下
玄関
DK（10畳）

POINT 2

パントリー⟷キッチンが直行できれば 買い出しもラク！

廊下収納の一部をパントリーにすれば、買い出しの後もラク♪　壁面収納は奥行きが浅めになりますが、しまったものをひと目で見渡せるので死蔵や重複買いも防げます。

Floor plan and storage ideas Part 5

忙しい人にオススメ！寝室の一角をクローゼットに

多忙な人にオススメの、水まわり・WIC・寝室をギュッとまとめたプラン。朝晩の身支度がラクになるはず！

カチャン

夜遅くに帰宅しても

今日も忙しかった…

ぱっ

手を洗って、

お風呂に入って

POINT 1

近くのWICで寝る準備ができるから

脱衣室にパジャマがなくても大丈夫

明日の準備もできたら

明日も早朝から商談だ…

就寝 zzz…

朝早い出勤もすぐ裏のWICで

もう朝か…

ジリリリリ

ガバッ

準備ができるから

忙しすぎる…転職したい…

家族を起こさずに出られる！

POINT 2

手洗い→入浴→着替えがラクな配置！

玄関から洗面室・浴室が近く、さらにWIC＆寝室にも直結していれば、帰宅後の長い移動がありません。入浴前にパジャマや下着を取りに行く動線もショートカット。

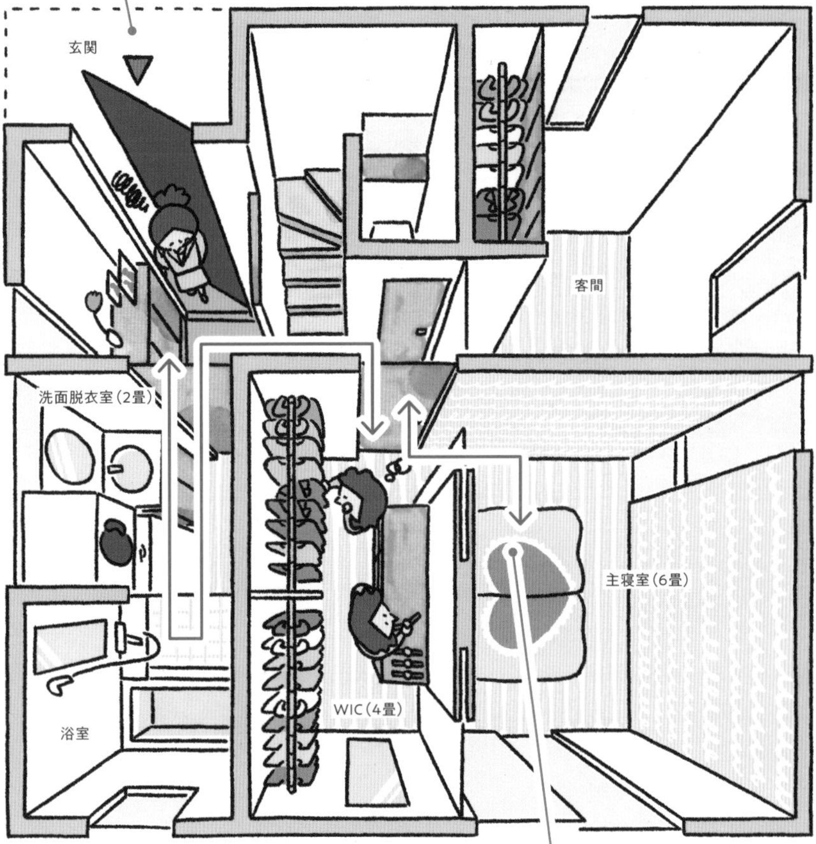

玄関

客間

洗面脱衣室（2畳）

主寝室（6畳）

WIC（4畳）

浴室

翌朝は着替えたらすぐにお出かけ！

寝室とセットになったWICは朝も便利。起きたら洗面してすぐに着替えられます。早朝や深夜に、ほかのフロアや、一緒に寝ている家族を起こさなくて済むのもメリット。

Floor plan and storage ideas Part 5

小さな子ども室の収納量を増やす裏ワザ！

「子ども室は6畳なければ」は思い込み。収納を外に出せば、コンパクトでも使いやすい子ども室になります。

この一般的な子ども室から

クローゼット
ベッド
机
本棚
6畳

本棚とクローゼットを外に追い出すと

子ども室は約3畳で済む

3.1畳
2275
2275
キャビネット（下着）

POINT 1

クローゼットを廊下に向ければ

廊下を有効活用できる！

廊下

本棚を廊下に出せば

POINT 2

家族で本を共有できる！

YASAI
MIKAN

子ども室に壁面が増えるので

←この壁

POINT 3

子ども室内の収納量も増える！

廊下側のクローゼットで朝の身支度もラク！

クローゼットを廊下に出したプランで、子ども室の面積をカット。収納が廊下にあるほうが、朝の着替えや帰宅後のアウターの収納、洗濯物の片づけもスムーズに。

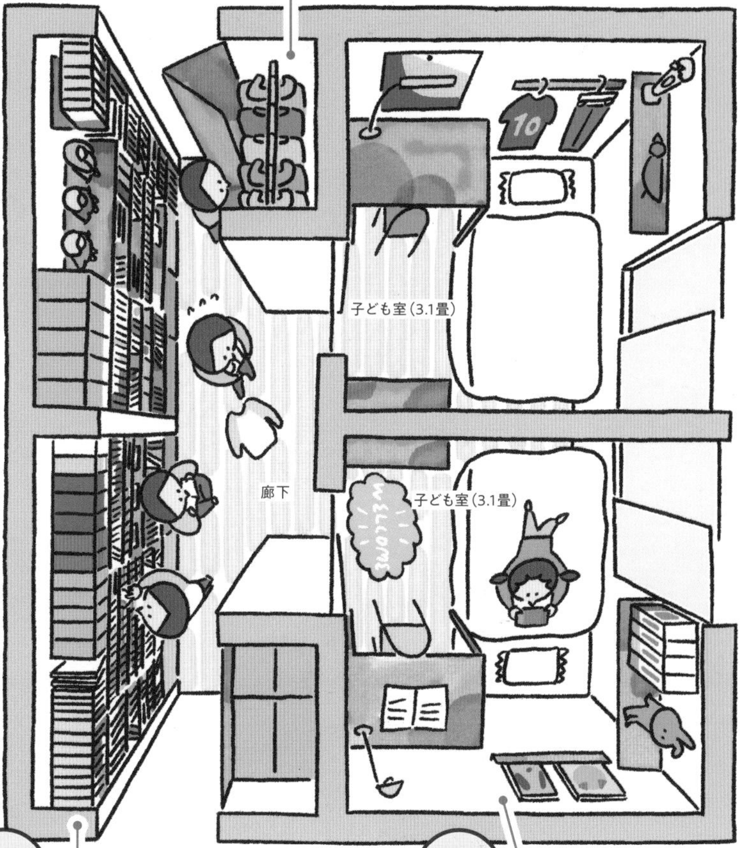

子ども室（3.1畳）

廊下

子ども室（3.1畳）

POINT 2

壁一面の本棚は家族共用で使える

本棚も子ども室から廊下へ。親子みんなで共有できるファミリーライブラリーにすれば、大人が読む本にも自然と手が伸び、興味や知識の幅が広がるはず。

POINT 3

室内では壁面収納をフル活用！

クローゼットがないことで、室内の壁面にはゆとりが。ハンガーバーで吊るす収納スペースを設けたり、作品を飾るギャラリーにしたりと自由に楽しめます。

省スペース家具の寸法

＋アイディア

狭くても広々過ごせる便利な家具の寸法と、その活用方法をご紹介。兼用できたり、棚板を動かせたりする市販の収納家具は、今すぐ取り入れられる方法。ぜひ試してみて。

収納付きのダイニングテーブル

引き出しには食事用のモノを収納。小分けで収納したいカトラリーや箸置きをしまえば、すぐ配膳できる。ホコリも除けられて便利。

天板下に収納が。仕事や勉強をするならノートや書類、文房具を入れると便利。リモコンやティッシュなど、すぐ取りたいモノも◎

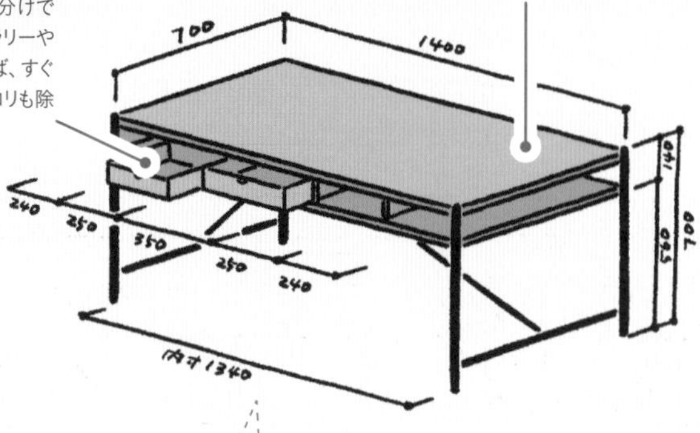

収納するのはこんなモノ！

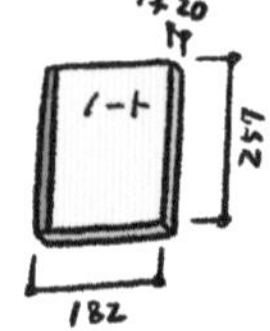

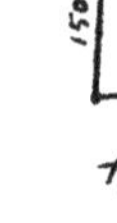
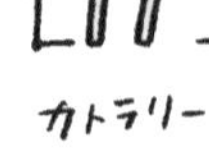

食事とワークを兼ねるダイニングテーブル

LDのオープン棚の一角に、ダイニングテーブルを組み合わせる。食事はもちろん、書類や仕事道具は棚にしまえるため、ワークスペースとしても最適。すぐ片づけられ、切り替えもしやすい。

棚板が半分の奥行なら奥側まで使える!

可動式で、かつ棚板が半分の奥行になっている収納棚。奥行の深い棚は、奥手のモノが取り出しにくく死蔵品になってしまいがち。これなら、奥行を余すことなく活用できます。

奥行の大きいモノは棚板をあわせて

大きなモノをしまうときには、手前と奥手の棚板の高さをあわせれば、奥行の深い大きな1枚の棚板として使えます。家電など大型のモノの収納に便利。

奥側を有効活用できる!

そこまで大きくないモノは、大きさにあわせて棚板の高さ寸法を調整して。手前側、奥手側にそれぞれモノを収納できるので、デッドスペースができません。

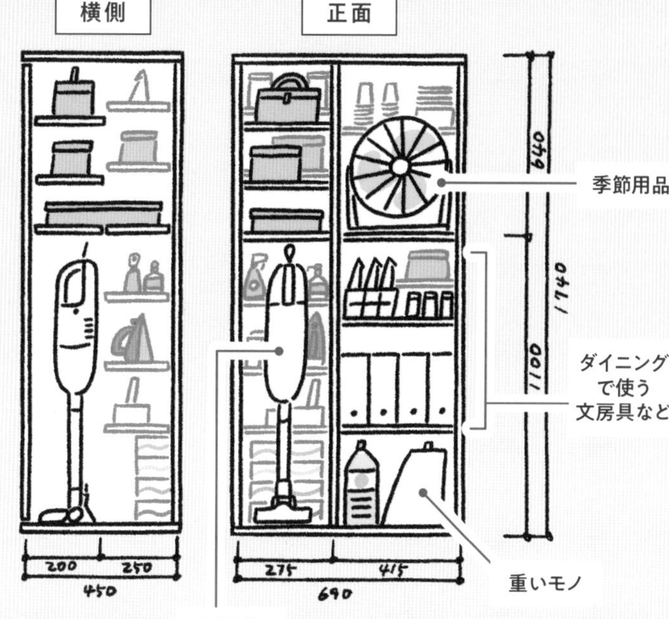

2段ベッドの下をデスクスペースに活用!

2段ベッドの下にデスクを挿入すれば、狭い子ども室の床面積を活かせます。ほどよいこもり感があり、勉強にも集中できそう。立ち上がるとき、頭をぶつけないように注意。

ベッド下は本などの収納になる!

ベッド下は本棚や衣類などの収納として有効活用。朝は、起きてすぐ教科書やプリントを準備したり、そのまま身支度したりできて、毎日の暮らしもスムーズに。

Floor plan and storage ideas Part 6

―― 第6章 ――

散らからない 玄関編

帰宅時・外出時のモノを上手に管理できれば、

家は片づいたも同然！

モノや汚れが入ってくるのは、いつも決まって“玄関まわり”。

帰宅時の仕組みがうまくいけば、

おのずと散らからず、ラクにキレイを保てます。

いつも清潔を保ち、スッキリ暮らせる間取りと収納の工夫をご紹介します。

Floor plan and storage ideas Part ❻

散らからない玄関

収納の基本

玄関収納で家全体の散らかりを防止

買ってきたものがリビングやキッチンに山積み、子ども部屋にスポーツ用品が泥だらけのまま置いてある……そんな事態を防ぐカギは玄関にあり。土間収納にW－Cやパントリーをつなげれば、収納動線をさらにショートカットでき、衣類から食品まで一気に片づきます。収納スペースの配置や大きさは、自分たちの生活スタイルやしまうモノの量に合わせて計画を。

散らからない家のカギは「帰宅時」にアリ！

週末に食品をまとめ買いしたとき、子どもが部活から帰ってきたとき、定期購入の荷物が届いたときなど、すべてのモノの入り口は玄関。

ここの収納が充実していれば、家全体にモノが散らばるのを防げます。持ち出すモノを外出前にピックアップしやすいのもメリットです。

買い出ししたら
すぐに荷物を
片づけたい！

「リビングには何も持ち込まない」と、劇的キレイに！

リビングが散らかっているなら、リビングに入る前に持ち物を片づけてしまいましょう。玄関を通過しながら、SCや廊下の壁面収納などにしまえるのが理想的。別の部屋まで行かなくて済むのがポイントです。不要品やゴミもリビングに持ち込む前に、玄関で処分を。

通販や定期購入、まとめ買いが多い人はパントリー必須！

箱買いした食品や宅配のウォーターボトルなどは、一般的なキッチン収納には入りきらないもの。そこで活躍するのがパントリー（食品庫）です。オススメは玄関〜キッチンをつなぐ動線の途中に設けること。買い出し後や宅配受け取り後の片づけがぐっとラクになります。

玄関収納があると一気に便利になります！

玄関まわりに設けておくと便利な3つの収納をご紹介します。

帰宅して部屋に入る前に荷物が片づく、土や汚れがついていても気にならない、外出前の身支度がラクなど、それぞれにメリットが。

「玄関には靴箱だけ」と思わずに、ぜひ新築やリノベに役立てて。

シューズクローゼット

オープン棚で
靴を選ぶのも
ラクラク

靴から傘、コート、掃除用具まで収納してOK。ゲスト用通路を設けたうえで、家族だけシューズクローゼットを通って出入りするのも◎。

土間収納

スポーツや
キャンプ好き
にはマスト！

ベビーカーからアウトドア用品、園芸用品、宅配便の荷物までスッキリ収納。汚れていても土間なら気兼ねなくしまえます。

ウォークスルークローゼット

洗濯動線も
意識すると
もっと便利に

通り抜けながら収納できるクローゼットが玄関まわりにあれば、帰宅時の片づけも外出前の身支度もラク。洗面室に直結させても。

帰宅動線で収納するのはこんなモノ！

宅配ボックス

宅配便や生協などの受け取りボックスは、サッと外に出せるよう玄関で待機。

スポーツ・アウトドア用品

かさばる上に汚れているモノの代表格。玄関で保管すれば運び出しもラク。

濡れるモノ・衣類

土間収納なら濡れた雨具をそのまま入れてもOK。傘を広げて干せるとベター。

ゴミ出しスペース

勝手口がないなら玄関にゴミ専用のスペースを。先に分別しておくと便利。

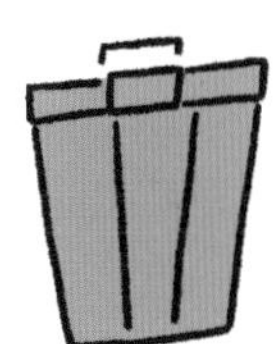

来客対応セット

おもてなしアイテムはゲスト用の動線上に収納。急な来客でもあわてません。

自転車やベビーカー

外置きしがちな自転車も、玄関内に収納できれば汚れにくく、盗難防止にも。

帰ってきたらポイ！玄関まわりの3収納

Floor plan and storage ideas Part 6

玄関から土足で入れる収納は、使い道さまざま。外遊びのおもちゃからキャンプギアまで汚れを気にせずに収納できて、家の中がスッキリ片づきます。

POINT 1

家の中に持ち込まない！SCにゴミ箱を設ける

不要なDMやチラシ、外で子どもが食べたお菓子の袋など、すぐ処分したいものはシューズクローゼットのゴミ箱へ。室内に持ち込まないのがポイント。

POINT 2

外遊び道具やベビーカーは土間収納に

玄関直結の土間収納は納戸として大活躍。ベビーカーやキャンプ用品、園芸用品など、土のついたものをそのまま収納でき、運び出すのもラクラク。

POINT 3

買い出しラクラク！玄関からそのままパントリーへ

土間収納を通ってパントリーに入れるプランなら、買い出し後の収納も手間なし。リビングを回り込まずにキッチンへ直行できる動線もスムーズです。

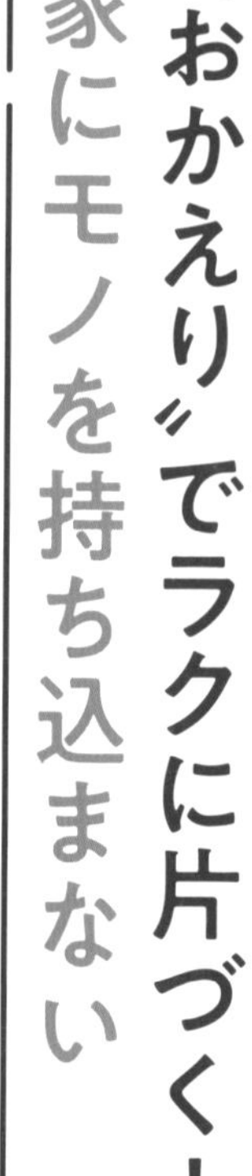

“おかえり”でラクに片づく！家にモノを持ち込まない

部活帰りの子が泥だらけでリビングに……そんなお宅にぴったりの動線計画です。収納しながらお風呂へ一直線！

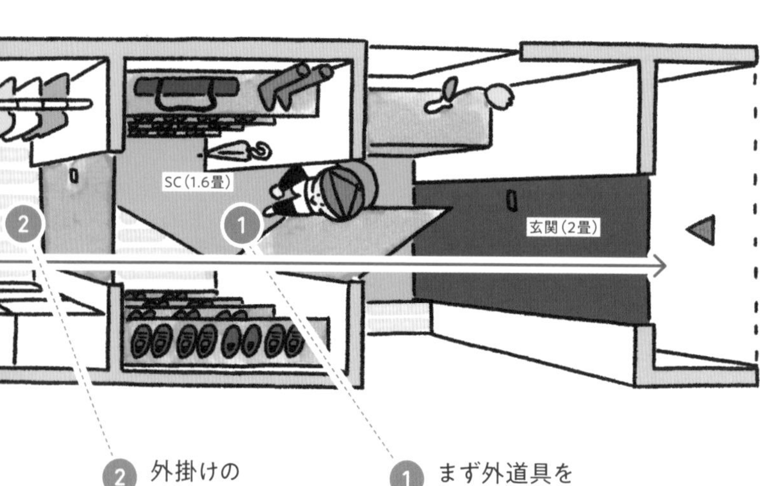

1 まず外道具を収納

運動系の部活で使う道具や、小さい子の外遊びの道具などは、土がついていても気にならない土間のシューズクローゼットへ。

2 外掛けの衣類はココ！

隣のファミリークローゼットに移動して、脱いだアウターを収納。朝もここで着替えるので、次の日に着るモノもササッと準備。

玄関側のクローゼットで リビングにモノを持ち込まない

POINT 1

シューズクローゼットにスポーツ用具をしまったら、上着などをしまえるファミリークローゼット(WTC)へ。リビングへ入る前に汚れものが片づきます。

ウォークスルーの収納で動線を最短距離に!

POINT 2

玄関〜クローゼットが遠いと、汚れた服で移動する距離が長くなります。玄関直結で通過するだけのクローゼットなら、収納するまでの動線が最短に。

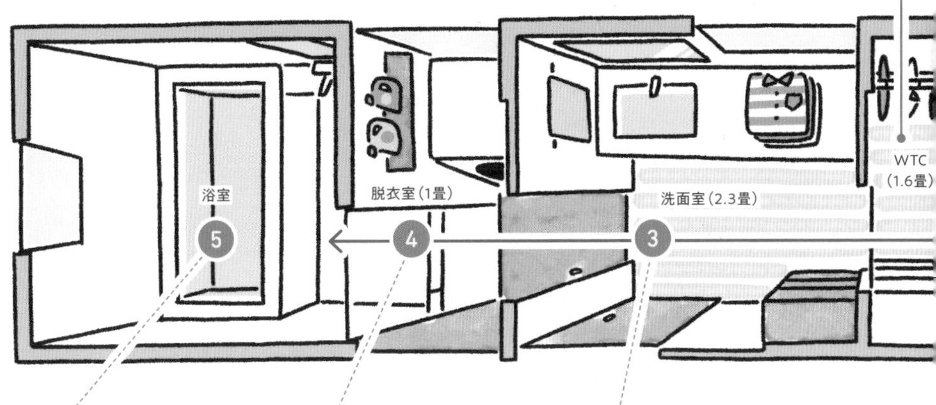

5 まっすぐお風呂にドボン!

汗も汚れもお風呂やシャワーでさっぱり♪　仕事帰りの大人も同じ動線をたどれば、リビングでくつろぐまでの時間を短縮できます。

4 脱いでそのまま!

汚れた服やユニフォームを脱いだら洗濯機へIN。洗濯後にそのまま乾燥まですれば、クローゼットに戻す動線も短くてすみます。

3 手を洗い、部屋着セットを持つ

洗面室に入って手洗い。クローゼットでピックアップした部屋着と、洗面室内のリネン庫から出した下着を持って、隣の脱衣室へ。

玄関廻りのモノの寸法

自転車やベビーカーなど、大型のモノが多い、玄関まわりや土間収納。スポーツやアウトドア用品は、家族の分が増えることも。なるべく広めに計画しておきましょう。

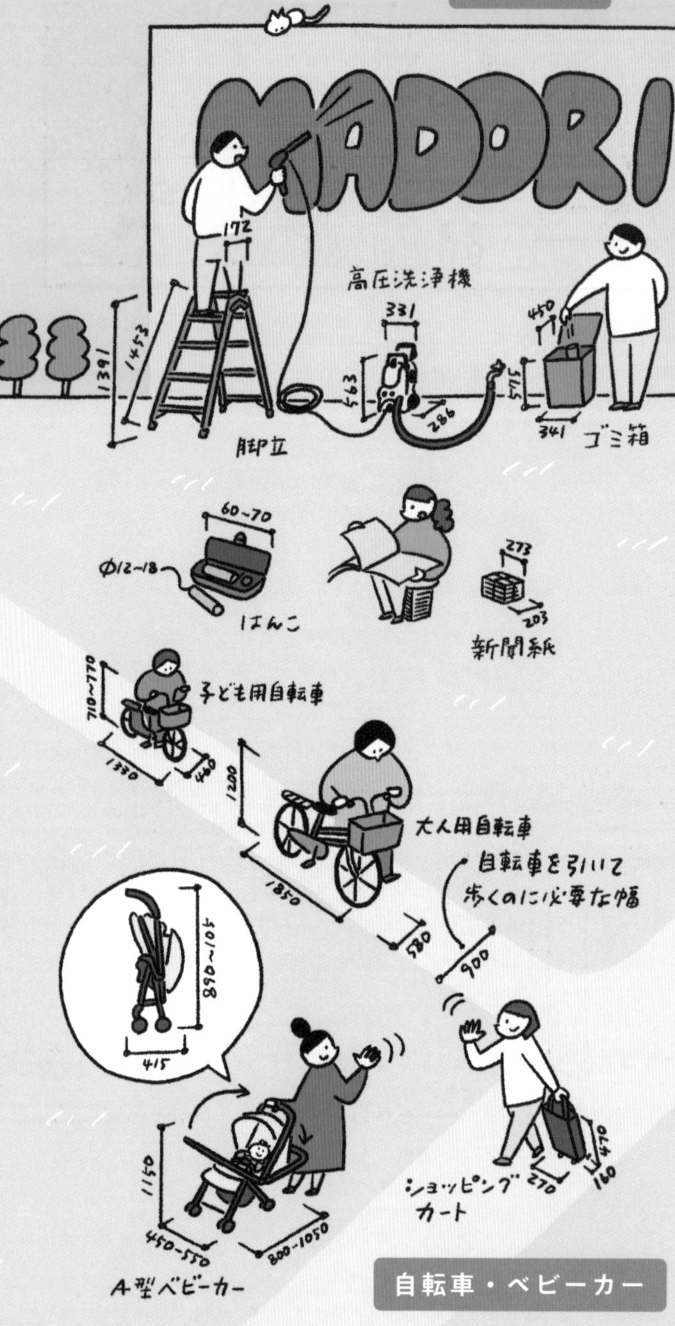

スポーツ用品

サッカーボール
190〜220
最大寸法
736
680
バドミントンラケット
230
バット
800
292
ソフトボール用
250
300
テニスラケット
グローブ（外野手）
スケートボード
205
100
800

アウトドア用品

300
ゴルフバッグ
1030
450
400
BBQセット
900
折りたたみチェア
1060
クーラーボックス（56L）
折りたたみ時
・W600
・D1350
・H75
460
580

靴箱廻り

Floor plan and storage ideas Part 1
ここはあたしの特等席なのよ・ネ

第7章

猫・犬のための家編

愛猫や愛犬が心地よく暮らすための間取り。
それぞれの習性にあわせて部屋を計画することで、
人もペットものびのびと暮らせる家になります。
グッズの収納や、遊び場の位置関係を整えることで、
いつも清潔な環境で快適に暮らせます。

Floor plan and storage ideas Part 7

猫・犬のための家
収納の基本

安全で楽しくペットと暮らせる環境に

「いまの住まいをペットにも暮らしやすくしたい」、「犬や猫との生活を大切にして家づくりがしたい」という人が増えています。ペットが快適に過ごせるほか、飼い主がお世話しやすい、清潔を保ちやすい、危険を予防できるといったポイントに留意すると、ひとにも動物にもやさしい住まいに。元気に遊ぶ姿を見れば、「工夫してよかった♡」と実感できるはず！

犬も猫も「水まわりの近さ」がキモ！トイレもなるべく近くに

ペットをお世話しやすい間取りは、水飲み場とトイレの位置がポイント。水飲み場は清潔で給水しやすいこと。また、トイレは掃除しやすく、衛生面や臭いの点でLDKから離れているのが理想的です。シーツや猫砂の収納↓トイレやゴミ箱↓洗面室が近いと動線がスムーズに。

水飲み場

遊び場

トイレ

ペットが動き回れるスペースを設けておこう

動物にとってのストレスフリーな生活は、運動不足を解消できること。縦運動を好む習性がある猫には、階段やキャットウォーク、タワーを。犬には庭やデッキと直結したリビングなど、走り回れる仕掛けを。ソファや床を片づけておくために、LDには十分な収納を設けて。

ペットが動き回れるスペースを設けておこう

ペットの好奇心をそそるものがいっぱいのキッチン。やけどや誤飲食対策として適切なゾーニングが必要です。犬にはキッチンゲートが有効。猫の場合は腰高（高さ750㎜）程度は跳び越えるため、建具で仕切るのがベターです。オープンにするなら調理中だけケージを利用して。

猫・犬のための家 ①

Floor plan and storage ideas Part 7

いつも清潔！遊び回れる猫のための間取り

猫のトイレ問題の解決法がこちら。マンションでも採り入れられるアイディアです。リビングではキャットウォークで楽しく遊ぶ姿を満喫！

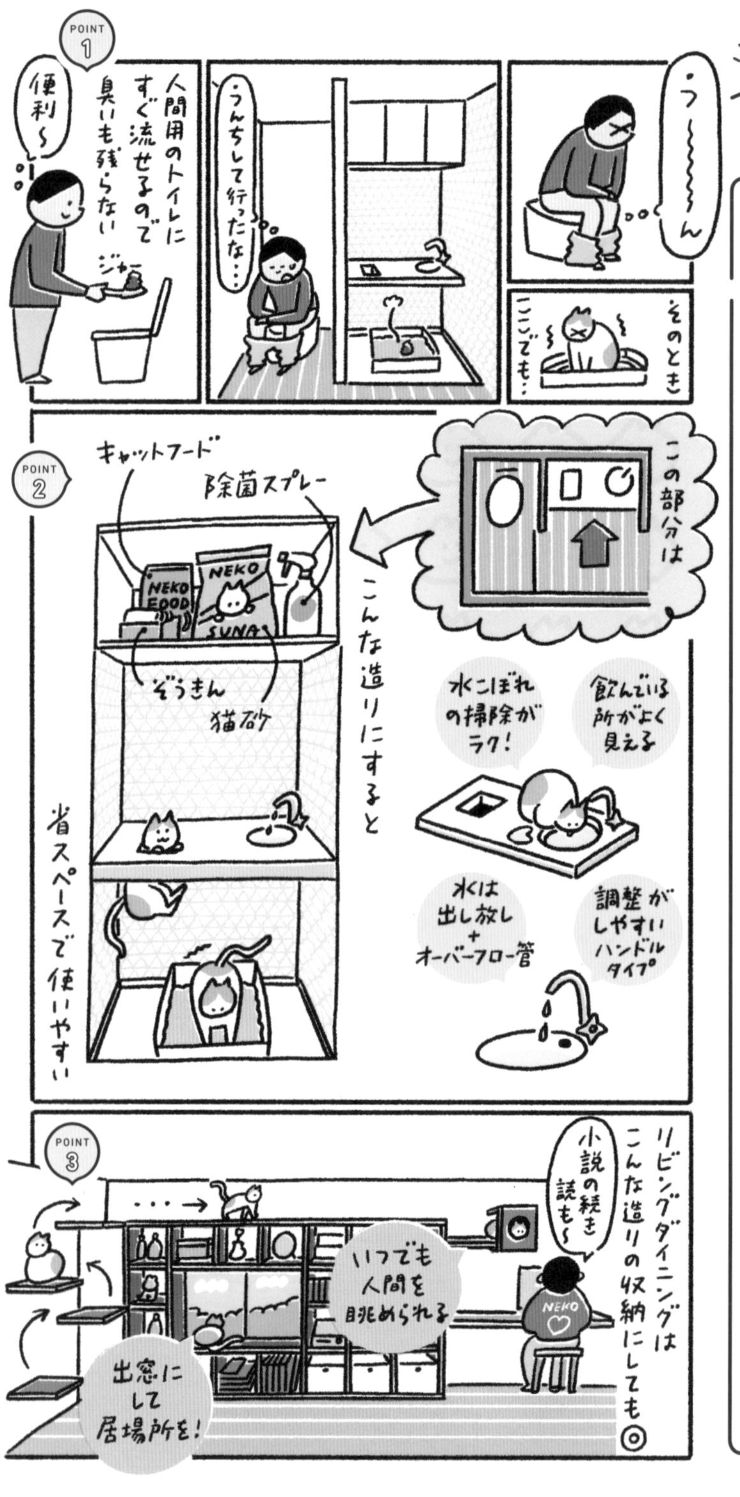

人間と猫用のトイレを兼用にする

人のトイレと猫用トイレをひとまとめにプラン。換気扇で空気を追い出せば臭いがこもりにくく、トイレ後の後始末〜手洗いの動線もスムーズです。

猫グッズはココにひとまとめに収納

猫用トイレには収納スペースも確保。ここだけで猫のお世話が完結します。水飲み場も設ければ、蛇口から直接水を飲むかわいい姿が見られるかも！

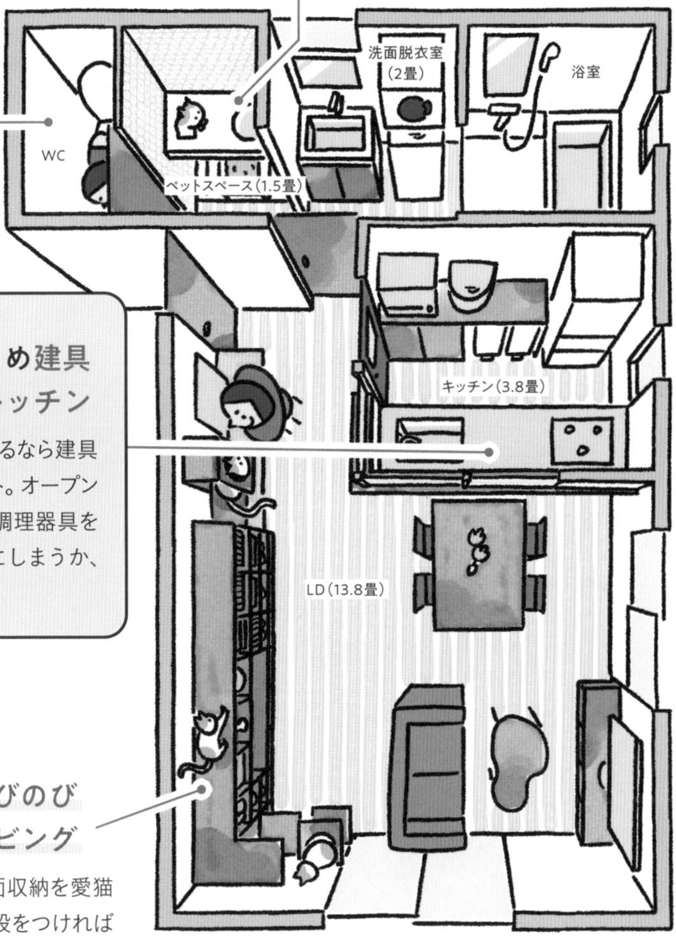

POINT

進入防止のため建具で仕切ったキッチン

猫の動線制限をするなら建具で区切るのがベスト。オープンキッチンの場合は調理器具をカウンター収納にしまうか、ケージの利用を。

POINT 3

人も猫ものびのび過ごせるリビング

リビングでは壁面収納を愛猫の遊び場に。階段をつければキャットウォークとして使ってくれるはず。外を見渡せる出窓を組み合わせても。

②

Floor plan and storage ideas Part 7

愛犬がすぐ遊べる！デッキ直結の土間リビング

愛犬のいる人にとって理想的な、土間のリビングとデッキをつなげたプランです。安全面での工夫も採り入れて。

遊びたいときは

ブン ブン

POINT 1

リビングの近くにデッキがあれば

わん！

すぐに遊べる！

POINT 2

キッチンゲートをつければ

く・う・う・うん

事故防止にもなるし

キッチン横に水飲み場があれば

POINT 3

お手入れもラク！

POINT 4

リビングを土間にすれば

夏は涼しくわんちゃんの居場所に

ひんやり

目地がないので、掃除もササッと一掃きで

人間もわんちゃんもラク！

手入れもラクで開放感ある土間リビング

滑りやすいフローリングは犬の足腰に負担が。土間なら犬が歩きやすく、汚れも気になりません。ただし冬場の冷え対策など、人の快適さにも十分に配慮を。

犬も人間もゲートがあれば安心

包丁やコンロを使っている最中に、犬に飛びつかれてヒヤッ！　そんなトラブルを防ぐために取り入れたいのがキッチンゲートです。食品をガードする役割も。

LDK（16.7畳）
デッキ（5.7畳）
トリミングルーム（3畳）

POINT
1

天気のよい日はすぐ外に飛び出せる

活発に動くのが好きな犬種にとって、室内で長く過ごすのはストレスの元。リビング直結のウッドデッキがあれば、犬はもちろん飼い主も一緒に開放感を楽しめます。

POINT
3

水飲み場はこの位置がベスト！

飲み水をこまめに補給しやすいのはキッチンのそば。壁をニッチのように掘り込んでおくと、水飲み皿にうっかりつまずいて引っくり返す事故を防げます。

猫・犬のための家 ③

猫も人間ものびのび暮らせる技アリ階段！

Floor plan and storage ideas Part 7

ペットと暮らす家で悩ましいのがトイレ問題。清潔に保ちやすく、飼い主も動物も快適なスペースづくりを。

階段手摺を段々にして猫も楽しく運動

階段沿いの腰壁を段々のデザインにして、猫が楽しく遊べるキャットウォークに。高くて狭い場所に登るのが好きという猫の習性を生かしたアイディアです。

WC

ホール(5畳)

洗面室(0.9畳)

POINT 1

使いやすく目立たない猫用トイレの最適解!

階段下のスペースを猫のトイレに指定。トイレそのものが目に入らないのがポイントです。万が一粗相をしても気にならず、部屋のキレイをキープできます。

POINT 2

トイレの後始末も洗面台近くなら気兼ねなく

トイレの後始末をしたら、隣接している水まわりで手洗い。掃除に使ったぞうきんもすぐに洗えます。もちろん家族の手洗いにも便利。

ペット関連のモノの寸法

愛猫や愛犬が快適に暮らせる家にするには、水場の位置と運動スペースが最重要！　一緒に過ごす部屋の位置関係を考えながら、間取りと収納を考えましょう。ペットグッズはひとまとめに。

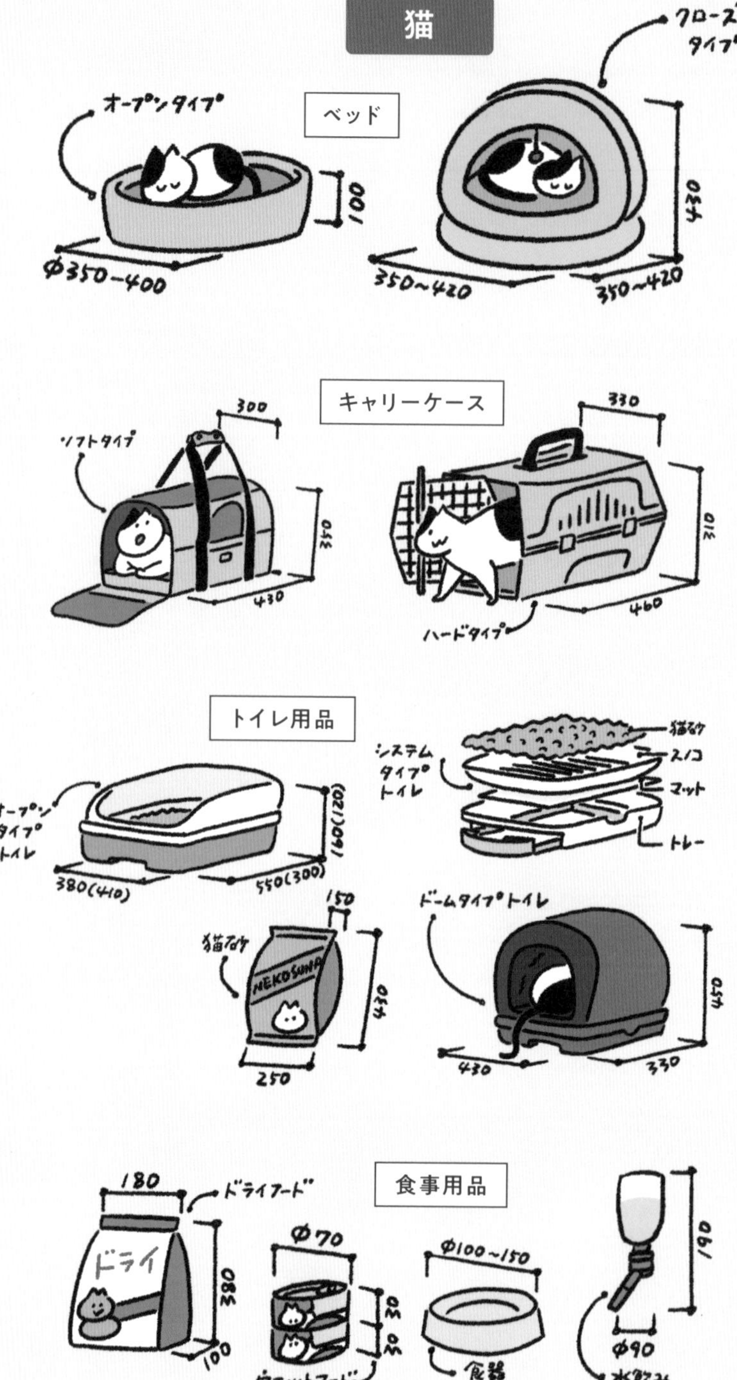

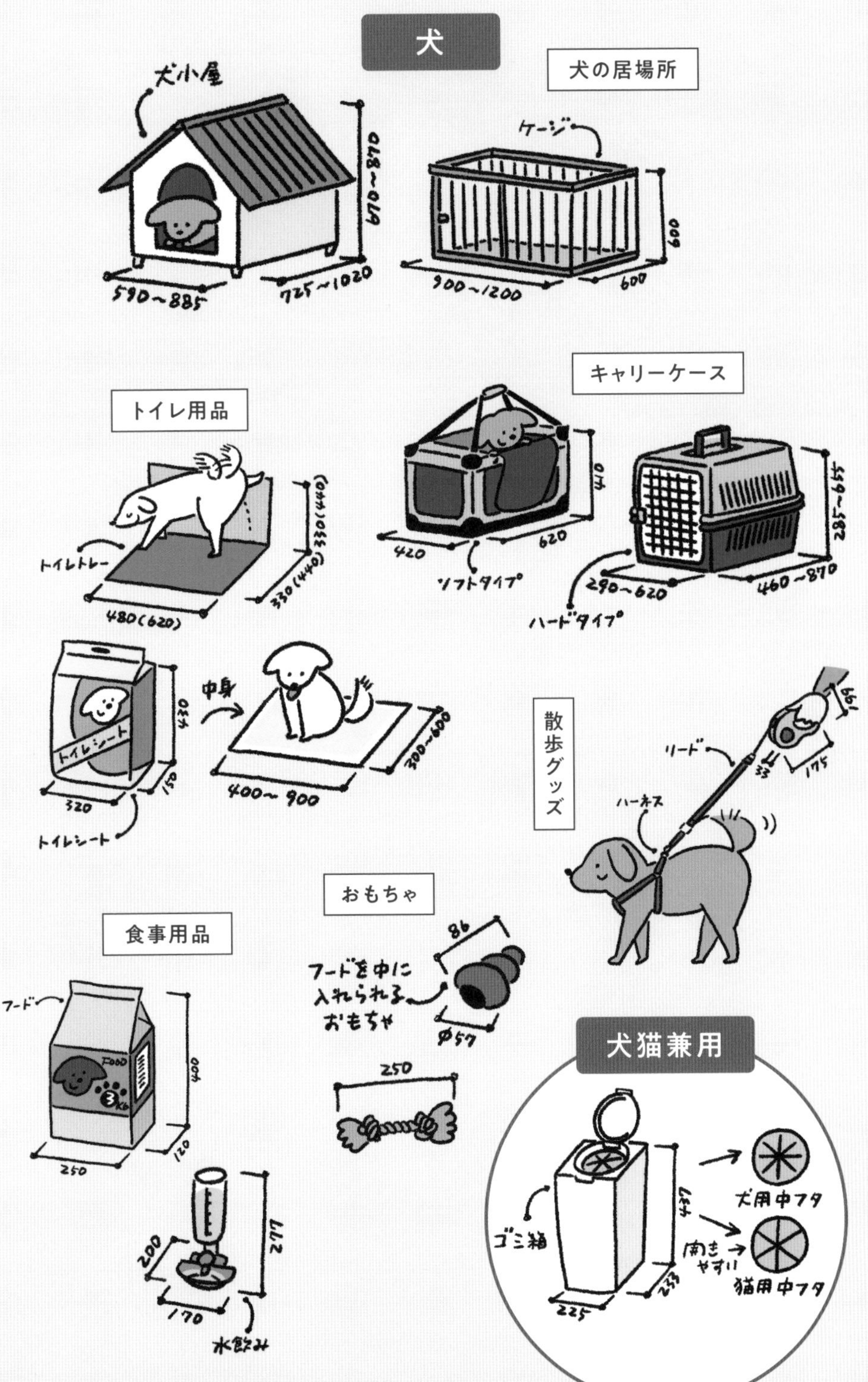
犬
犬の居場所
犬小屋
670～870
590～885
725～1020
ケージ
600
900～1200
600
キャリーケース
トイレ用品
410
420
620
ソフトタイプ
285～645
290～620
460～870
ハードタイプ
トイレトレー
330(440)
330(440)
480(620)
中身
430
トイレシート
150
320
トイレシート
300～600
400～900
散歩グッズ
199
リード
33
175
ハーネス
おもちゃ
86
フードを中に
入れられる
おもちゃ
φ57
食事用品
フード
400
120
250
250
277
200
170
水飲み
犬猫兼用
437
ゴミ箱
225
233
犬用中フタ
開きやすい
猫用中フタ

監修者あとがき

本書に出会ったあなたが、間取りに関心を寄せたきかっけは何でしょうか。

私は、ごく一般的なマンションに住んでいるのですが、無駄のない合理的なつくりではあるけれど、以前は散らかりやすい暮らしかたをしていました。

ダイニングテーブルには郵便物や書類が積み重なる。上着や雑誌がソファのまわりに散らばる。カバンや荷物が床置きになる。

外出と帰宅するときの動きをたどって動線図を描いてみたら、その原因が分かりました。洗面所とキッチンとのつながりが悪くて、無駄な動きが多いのです。私の生活パターンでは洗面所を起点として、調理する所、荷物と上着を置くために立ち寄れる所、着替える所がつながる関係が必要だったのです。そのことがきっかけとなって、間取りと収納方法を重ね合わせて新居を選ぶことができました。

わが家の収納で悩んでいる人、リフォームや家づくりをはじめる人、物件を探したい人へ。戸棚やクローゼットのほかにも、壁掛けフックやワゴンを使った適材適所の収納で、片づく暮らしかたを間取りに反映することをおすすめしたいです。

この本を生み出すために、イメージの膨らむドラマを描いてくれた園内さん、メッセージを簡潔につづってくださった後藤さん、ページをめくりたくなるデザインにしてくださった掛川さん、魅力的なストーリーに仕上げた静内さんへ、心から感謝を伝えたいです。

そして読者の皆さんへ、素敵なおうちライフがいつまでも続きますように！

すはらひろこ

著者
アトガキ
PRESENTED BY 園内せな
まず・・・
この度は、この本を最後まで読んでいただき誠に、誠にありがとうございました
ブカ
ブカ
あれは校了の5ヶ月前・・・
「園内さん！今回スケジュール物凄く順調ですよ！優良納期、ありがとうございます！
編集S内さん
ほー
と、言われたので、ゆったり構えていたら
今、
結局こんな感じになっています
このページを今日中に描き終わらないとやばい・・・
ON TIME!
ぐぬぬぬ・・・
なにー？
原因はコチラ
オマケの資料集成描く量半端なかった・・・
（良かったら読んで下さいね）
アワアワ
終盤でオマケに苦しめられる人
私が苦しんでいるとき
すはらさんもまた苦しんでおり
ノート
編集S内さんは焦っていた
進まねえ〜〜〜

今回、どのページも楽しく描いたのですが特に導入漫画のトビラ絵を描くのが楽しかったです

元々アイディアとしてはなかったのですが、

このハナシ

くS内

S 園内さん…導入マンガのトビラ、週刊マンガっぽいのを描き下ろしませんか?♡

S あ…やっぱ忘れて下さい…やるとしても本編終わってからで…

S 普通の扉でも全く変ではないので‼ 遊びですし‼

※すぐに忘れさせようとするS内さん

その面白いアイディア、絶対忘れまいと思った

素直に…

少年誌風味

少女マンガ風味

調子に乗って5種類ラフを描いた

最後に…

今回もかなりエネルギーを使って絵を描いたり

言いたいことを伝えやすくする間取りを考えたりしたので

完走!

わーい わーい

楽しんで読んでいただけたならとても嬉しい気持ちです。

ではまた、どこかでお会いする日まで。

バイバイ!

SPECIALTHANKS!

すはらさん　静内さん

ライター後藤さん　デザイナー掛川さん

私の家族　読者の皆様

間取りと収納まるわかりシート

どんな収納にすれば、片づく家になるかわかる！
アイディアを膨らませる、書き込み式シートをご用意しました。ぜひ理想の家をイメージして。

これを片づけたい！　メモ

家の中で、どんな場所の、どんなモノが片づいていないかをチェックしてみて。
生活している動きのなかで収納しにくい場所にあったり、モノが多すぎたり、
収納方法が面倒だったりしていないか、確かめてみましょう。

片づけたい場所：

片づけたいモノ：

□
□
□
□

気づいたこと：

どうしたいか：

Sample

片づけたい場所：リビング

片づけたいモノ：いつも洋服が出しっぱなしになっている

☑しまう場所が遠い？
☑収納量が足りない？
☑しまう方法が面倒？
☑モノが多すぎる？

気づいたこと：クローゼットまで距離があり、洗濯物が置きっぱなし

どうしたいか：洋服の収納を、洗濯機の近くか、リビングに置けないかな？

片づけたい場所：

片づけたいモノ：

□
□
□
□

気づいたこと：

どうしたいか：

片づけたい場所：

片づけたいモノ：

□
□
□
□

気づいたこと：

どうしたいか：

実際にどんな家にしたいか考えてみよう

収納の位置や量など、今の家で気づいた点をもとに、どんな家にしてみたいか考えてみて。
見本のように、きっちり描けなくても大丈夫！　部屋を四角い枠で描き、部屋同士のつながりが分ればOK。設計者や工務店など、プロに意図を伝えるための資料として描きましょう。

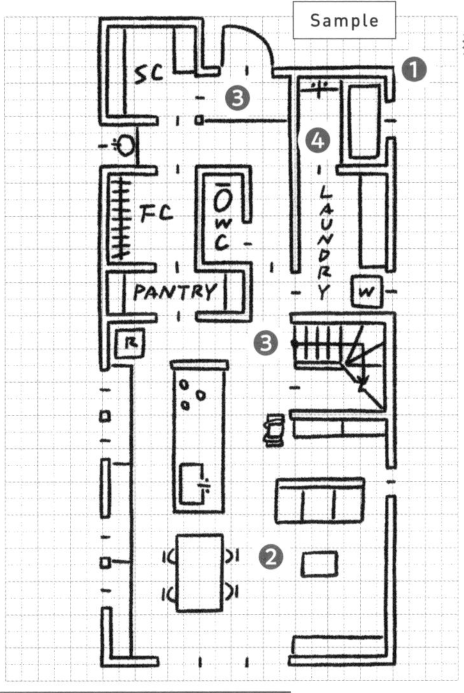

書く前にチェック！

- 1畳の面積は……
  1間×0.5間＝1畳　約1.65㎡
- 「○」には方角を書いておく
- 方眼マスの一辺は9.1mm。
  2マス分が1畳

❶敷地の形を描く

まず、方眼用紙をもとに敷地の形を描きます。

❷メインとなる部屋を書く

日当たりのよい南側や、視界が開けた場所、借景が楽しめる場所など、敷地内で居心地よく過ごせる場所にメインとなるLDKなどの部屋を配置。大きさは希望畳数や、置く家具にあわせて決めて。

❸動線の起点となる玄関・階段

次に、玄関と階段の位置を決めます。玄関は、LDKまでの廊下が長すぎないように。階段は、おおむね中心に据えると面積効率のよい間取りに（小さな回り階段の場合、約2畳程度）。

❹その他の部屋と、収納を描く！

主寝室や子ども室、趣味室など、その他の部屋を配置。2階建て以上は③で決めた階段を考慮して。最後にいよいよ、収納を！　玄関収納をSCや土間収納にしたり、衣類収納をクローゼットやWICにしたり、パントリーを作ったりと、間取り図を見ながら検討して。収納家具まで描くとイメージが膨らみます。

実際に間取り図を描ける
方眼シートは次のページへ！

最後に間取り図と収納があっているかをチェックして！

方向性が決まったら、しまい忘れたモノはないか、生活の動きと収納の位置にムリはないかなど、間取り図を見ながらシミュレーション。気になるところを修正したら、収納プランの完成です！

□しまい忘れているモノはありませんか？

備忘録：

□使う場所と収納場所は近いですか？

気になった場所：

どうしたいか：

□収納の大きさは足りそうですか？

または、小さすぎませんか？

気になった場所：

どうしたいか：

□収納の形は暮らしとあっていますか？（オープン収納にするか、棚にしまうかなど、取り出しやすさや用途、モノの形状にあわせて検討して）

方角

日付

物件名

1820mm

縮尺 100分の1

方角

日付

物件名

1820mm

縮尺 100分の1

勝手に片づく！　間取りと収納

2023年10月30日　初版第1刷発行

著者　園内せな
監修　すはらひろこ
発行者　三輪浩之

発行所　株式会社エクスナレッジ
〒106-0032　東京都港区六本木7-2-26
https://www.xknowledge.co.jp/

問合せ先
編集　Tel 03-3403-6796
Fax 03-3403-0582
info@xknowledge.co.jp
販売　Tel 03-3403-1321
Fax 03-3403-1829

無断転載の禁止
本書の内容（本文、図表、イラスト等）を当社および著作権者の承諾なしに無断で転載（翻訳、複写、データベースへの入力、インターネットでの掲載等）することを禁じます